A ESCOLA COM
QUE SEMPRE SONHEI
SEM IMAGINAR QUE
PUDESSE EXISTIR

RUBEM ALVES

A ESCOLA COM QUE SEMPRE SONHEI SEM IMAGINAR QUE PUDESSE EXISTIR

PAPIRUS EDITORA

Capa	Fernando Cornacchia
Copidesque	Lúcia Helena Lahoz Morelli
Diagramação	DPG Editora
Revisão	Maria Antonieta Cereja Frade e Paola M. Felipe dos Anjos

Dados Internacionais de Catalogação na Publicação (CIP)
(Câmara Brasileira do Livro, SP, Brasil)

Alves, Rubem
    A escola com que sempre sonhei sem imaginar que pudesse existir/Rubem Alves. – 13ª ed. – Campinas, SP: Papirus, 2012.

ISBN 978-85-308-0626-2

1. Ensino – Metodologia 2. Escola Ponte – (Vila Nova de Famalicão, Portugal) 3. Métodos de ensino 4. Trabalho de grupo em educação I. Título.

12-14505   CDD-370.11509469

Índice para catálogo sistemático:
1. Escola Ponte: Vila Nova de Famalicão,
   Portugal: Educação   370.11509469

13ª Edição – 2012
15ª Reimpressão – 2024
Tiragem: 250 exs.

Exceto no caso de citações, a grafia deste livro está atualizada segundo o Acordo Ortográfico da Língua Portuguesa adotado no Brasil a partir de 2009.

Proibida a reprodução total ou parcial da obra de acordo com a lei 9.610/98.
Editora afiliada à Associação Brasileira dos Direitos Reprográficos (ABDR).

DIREITOS RESERVADOS PARA A LÍNGUA PORTUGUESA:
© M.R. Cornacchia Editora Ltda. – Papirus Editora
R. Barata Ribeiro, 79, sala 316 – CEP 13023-030 – Vila Itapura
Fone: (19) 3790-1300 – Campinas – São Paulo – Brasil
E-mail: editora@papirus.com.br – www.papirus.com.br

SUMÁRIO

PREFÁCIO
AS LIÇÕES DE UMA ESCOLA:
UMA PONTE PARA MUITO LONGE... 7
Ademar Ferreira dos Santos

O PÁSSARO NO OMBRO 25
Fernando Alves

KOAN 27
QUERO UMA ESCOLA RETRÓGRADA... 35
A ESCOLA DA PONTE (1) 41
A ESCOLA DA PONTE (2) 47
A ESCOLA DA PONTE (3) 53
A ESCOLA DA PONTE (4) 59
A ESCOLA DA PONTE (5) 65
Rubem Alves

O ESSENCIAL NÃO CABE NAS PALAVRAS 71
Escola da Ponte

A ESCOLA DA PONTE:
BEM-ME-QUER, MALMEQUER... 79
Pedro Barbas Albuquerque

ESCOLA DOS SONHOS
EXISTE HÁ 25 ANOS EM PORTUGAL 99
José Pacheco

TRABALHO COOPERATIVO E MUDANÇA
DE ATITUDES PROFISSIONAIS NA ESCOLA
DO 1º CICLO DO ENSINO BÁSICO 117
Centro de Formação Camilo Castelo Branco

PREFÁCIO

AS LIÇÕES DE UMA ESCOLA:
UMA PONTE PARA MUITO LONGE...

Ademar Ferreira dos Santos

> *A todos aqueles que, num quarto de século, fizeram da Escola da Ponte aquilo que ela é.*
> *Aos membros atuais da equipe – Ana, Alzira, Arlete, Ester, Eugênia, Lúcia, Margarida, Palmira e Rosa.*
> *Aos menos atuais: Álvaro, Carla, Fátima, Maria das Dores, Maria José, Maria José Alves, Luísa, Zélia e Zé Pacheco.*
> *Ao Paulo, à Rute e à Sílvia.*
> *Nunca, por mais anos que viva, conseguirei dizer e significar o quanto vos devo – como cidadão, como pai e como professor.*

Não cobiço nem disputo os teus olhos
não estou sequer à espera que me deixes ver através dos teus olhos
nem sei tampouco se quero ver o que veem e do modo como veem os teus olhos

Nada do que possas ver me levará a ver e a pensar contigo
se eu não for capaz de aprender a ver pelos meus olhos e a pensar comigo
Não me digas como se caminha e por onde é o caminho
deixa-me simplesmente acompanhar-te quando eu quiser
Se o caminho dos teus passos estiver iluminado
pela mais cintilante das estrelas que espreitam as noites e os dias
mesmo que tu me percas e eu te perca
algures na caminhada certamente nos reencontraremos
Não me expliques como deverei ser
quando um dia as circunstâncias quiserem que eu me encontre
no espaço e no tempo de condições que tu entendes e dominas
Semeia-te como és e oferece-te simplesmente à colheita de todas as horas
Não me prendas as mãos
não faças delas instrumento dócil de inspirações que ainda não vivi
Deixa-me arriscar o molde talvez incerto
deixa-me arriscar o barro talvez impróprio
na oficina onde ganham forma e paixão todos os sonhos que antecipam o futuro
E não me obrigues a ler os livros que eu ainda não adivinhei
nem queiras que eu saiba o que ainda não sou capaz de interrogar
Protege-me das incursões obrigatórias que sufocam o prazer da descoberta
e com o silêncio (intimamente sábio) das tuas palavras e dos teus gestos
ajuda-me serenamente a ler e a escrever a minha própria vida

Vemos para fora e vemos para dentro. Fora, vemos apenas o que de efêmero se vai oferecendo ao horizonte dos nossos olhos. Dentro, tendemos a ver o que não existe, frequentemente, o que desejaríamos que existisse...

Mas, sendo embora aquele que, por inventar o que não existe, antecipa e germina o futuro, o olhar para dentro seria um olhar completamente vazio de sentido se não dialogasse permanentemente com tudo o que existe, fora dele.

Nenhuma mudança se funda no nada, na negação da história ou da realidade ou das suas aparências, por mais efêmeras que se apresentem aos nossos olhos, quando eles veem para fora. Todas as utopias se reportam ao que existe e tudo o que existe aspira ao que não existe. O que não existe precisa do que existe – como se fosse a sua face mais oculta.

Daí que o olhar para dentro e o olhar para fora não sejam olhares inimigos ou disjuntivos. São olhares que se veem também um ao outro e que eroticamente se desejam, aspirando à comunhão. Olhar apenas para fora ou para dentro seria dolorosamente insuportável. Se tivéssemos apenas olhos para o que existe – não veríamos o que falta e cegaríamos para as utopias. Se víssemos apenas o que não existe – regressaríamos rapidamente a uma imensa caverna de sombras e cegaríamos para a contemporaneidade. Em ambos os casos, perderíamos a capacidade de ver pelos nossos próprios olhos (muito distinto de ver apenas com os olhos dos outros)...

Nenhum pensamento reclama tanto a comunhão dos olhares para fora e para dentro como o pensamento sobre a educação.

De resto, a educação é isso mesmo – um permanente movimento no sentido da decantação e da intersecção desses olhares. Começamos por treinar e desenvolver apenas o olhar para fora. Durante alguns anos, permanecemos cegos para o que não existe. Só descobrimos o olhar para dentro e começamos a pressentir o que não existe quando se nos impõe ou nos é imposta a necessidade de interrogar e compreender o que vemos fora de nós. Esse é o primeiro momento mágico da educação. O momento em que finalmente nos apercebemos de que há um imenso mundo para além ou aquém do mundo que espreitamos fora de nós. Um mundo reservado, único e tantas vezes incomunicável, feito ou fazível à nossa própria medida e, em tantos aspectos, insusceptível de ser entendido ou percebido pelos outros. É esse mundo interior, só captável pelo olhar para dentro, que dá expressão à nossa identidade e singulariza o nosso destino. E é, precisamente, à medida que vamos tomando consciência desse mundo interior e que, simultaneamente, vamos aperfeiçoando a focagem do olhar para fora (ou seja, aperfeiçoando a nossa própria percepção e compreensão do mundo exterior) que avançamos para o segundo e decisivo momento mágico da educação – o momento em que, finalmente, podemos começar a escrever a nossa própria vida, única e irrepetível

> *Sou o intervalo entre o que desejo ser*
> *e os outros me fizeram,*
> *ou metade desse intervalo, porque também há vida...*
> Álvaro de Campos

A educação é um caminho e um percurso. Um caminho que de fora se nos impõe e o percurso que nele fazemos. Deviam ser, por isso, indivisíveis e indissociáveis. Como os dois olhares com que nos abrimos ao mundo. Como as duas faces, a visível e a oculta, do que somos. Os caminhos existem para ser percorridos. E para ser reconhecidos interiormente por quem os percorre. O olhar para fora vê apenas o caminho, identifica-o como um objeto alheio e porventura estranho. Só o olhar para dentro reconhece o percurso, apropriando-se dos seus sentidos. O caminho dissociado das experiências de quem o percorre é apenas uma proposta de trajeto, não um projeto, muito menos o nosso próprio projeto de vida. O caminho está lá, mas verdadeiramente só existe quando o percorremos – e só o percorremos quando o vemos e o percebemos dentro de nós. Outra coisa, aliás, não pretendia significar o poeta, quando escreveu:

> *Caminhante, é o teu rasto*
> *o caminho, e nada mais;*
> *caminhante, não há caminho*
> *o caminho faz-se a andar.*
> Antonio Machado, Proverbios y cantares

O caminho é o rasto que nele projetamos. Daí que pensar a educação apenas em função dos caminhos – como tantos insistem ainda em fazê-lo – é pensar a educação que ainda não o é, é pensar a educação simplesmente na ótica dos educadores topógrafos, é abrir a objetiva do olhar para fora e fechar a objetiva do olhar para dentro. E é crer nessa espantosa mistificação (como Antonio Machado se riria dela) de que são os caminhos que fazem os caminhantes e não o contrário...

Por isso, o século XX foi, não o século do renascimento da educação, o "século da criança", como tantos ingenuamente chegaram a vaticinar, mas o século da agonia da educação, da sua canonização instrumental. Uma miríade de microssaberes sobre os trajetos possíveis dos educáveis na escola e na sociedade abateu-se, como um espesso e quase impenetrável nevoeiro de racionalidade, sobre o campo de visão dos práticos e profissionais da educação, turvando e hiperatrofiando os seus olhares e levando-os a agir, não como promotores inteligentes e solidários de percursos de aprendizagem e de desenvolvimento pessoal diferenciados e humanamente qualificados, mas como peças menores e oscilantes de uma complexa, gigantesca e, tantas vezes, estúpida engrenagem de adestramento cognitivo e de (como diria Rubem Alves) *pinoquização* cultural.

À luz de tudo o que fica dito, o presente livro é, a vários títulos, um livro excêntrico.

Excêntrico, desde logo, pela natureza do objeto de que se ocupa: uma escola fora da norma do menor denominador comum, que os guardiães da norma, primeiro, tentaram em vão asfixiar ou domesticar e, depois, procuraram delicadamente entronizar (e profilaticamente circunscrever) como vestígio arqueológico e excrescência crepuscular de uma certa práxis romântica e marginal de educação...

Excêntrico, também, porque, entrecruzando os olhares para dentro e para fora, retira e infere a utopia da realidade e não o contrário, atrapalhando o cínico pragmatismo dos desconstrutores profissionais de utopias...

Excêntrico ainda porque projeta sobre uma escola "primária", a mais "inferior" e politicamente desqualificada das escolas ditas não superiores, um olhar apaixonadamente "interior" e narrativo, afetivamente cúmplice e solidário – um olhar que é ele próprio um desafio de sedução e uma provocação a outros olhares, porventura menos amigáveis...

A Escola da Ponte nº 1, em Vila das Aves (concelho de Santo Tirso), é o objeto das narrativas e dos depoimentos reunidos no presente livro.

Quero dizer ao leitor que a descoberta da Escola da Ponte representou também para mim (para quem não representará?) uma extraordinária e fulgurante "experiência de iluminação". Estava ali, de fato, "a escola com que sempre sonhara, sem imaginar que pudesse existir".

O que mais fortemente começou por me impressionar na Escola da Ponte foi a doce e fraternal serenidade dos olhares, dos gestos e das palavras de todos, crianças e adultos. Ali, ninguém tem necessidade de engrossar ou elevar a voz e de se pôr em bicos de pés para se fazer ouvir ou reconhecer pelos demais – porque todos sabem que a sua voz conta e é para ser ouvida. E quem diz a voz diz o mais. Como as crianças não são educadas para a competição, mas para a entreajuda (e o exemplo vem dos adultos, porque a rotina de entreajuda está instituída na Escola em todos os níveis como se fosse a verdadeira matriz do seu projeto cultural), as pulsões de inveja, ciúme ou rivalidade, e toda a agressividade comportamental que lhes anda associada, estão quase ausentes dos gestos cotidianos dos membros dessa comunidade educativa. Por isso é que na Escola da Ponte não faz sentido falar de problemas de indisciplina, porque todos apoiam todos, todos acarinham todos, todos ajudam todos, todos são, afetivamente, cúmplices de todos, todos são, solidariamente, responsáveis por todos. E, não menos significativo, todos sabem o nome de todos, ou seja, todos procuram reconhecer e respeitar a identidade de todos...

Percebi mais tarde que a serenidade que espreita nos olhares, nos gestos e nas palavras das crianças não é mais do que o resultado esperado e (acrescentaria eu) inevitável do "segredo" da intervenção pedagógica dos profissionais de educação da Ponte. Um segredo feito, simplesmente, de duas palavras e das correspondentes atitudes – "meiguice" e "paciência". Parece romântico e fora de moda num tempo em que nas escolas e na sociedade tantas vozes supostamente preocupadas com a agressividade e a indisciplina dos alunos se erguem a reclamar rigorosamente o contrário. Pode parecer romântico e fora de moda, mas a verdade é que a "meiguice" e a "paciência", na Escola da Ponte, acontecem de uma forma absolutamente espantosa.

Poderão os cínicos de serviço dizer que uma escola de crianças tranquilas e felizes não é, necessariamente, uma escola eficaz – entenda-se por "eficaz" o que se quiser. Poderão até dizer que numa sociedade utilitarista que lida mal com as aspirações de felicidade das pessoas, uma escola de crianças felizes é uma escola em conflito e em ruptura com a sociedade, cuja existência, por isso, a própria sociedade não deveria tolerar, em nome, porventura, do reconhecimento do "direito" da criança a ser educada na e para a infelicidade, ou seja, a ser preparada para o futuro.

O grosseirismo de um argumento desse tipo – atualmente tão em voga em certos círculos mediocráticos que parecem professar, nostalgicamente, o regresso a uma escola de caserna "pura e dura" – não resiste à meridiana verificação (ao alcance de qualquer educador minimamente experimentado) de que os ambientes amigáveis e solidários de aprendizagem são precisamente aqueles que mais e melhor favorecem a aprendizagem, porque é neles que as crianças, de fato, sentem-se muito mais seguras, disponíveis e motivadas para aprender e, o que não é menos significativo em termos educacionais, para aprender umas com as outras e não apenas com os adultos...

Mas a Escola da Ponte não é apenas (e já não seria pouco) um ambiente amigável e solidário de aprendizagem. Mais do que uma escola, ela é verdadeiramente, sem eufemismos, uma comunidade educativa – e daí o fascínio que ela exerce em todos aqueles que não se reveem no modelo totalitário de sociedade que nos rege e que ainda não desistiram de sonhar e de lutar por uma sociedade diferente. E quem diz sociedade diz escola...

A Ponte é, desde logo, uma comunidade profundamente democrática e autorregulada. Democrática, no sentido de que todos os seus membros concorrem genuinamente para a formação de uma vontade e de um saber coletivos – e de que não há, dentro dela, territórios estanques, fechados ou hierarquicamente justapostos. Autorregulada, no sentido de que as normas e as regras que orientam as relações societárias não são injunções impostas ou importadas simplesmente do exterior, mas normas e regras próprias que decorrem da necessidade sentida por todos de agir e interagir de uma certa maneira, de acordo com uma ideia coletivamente apropriada e partilhada do que deve ser o viver e o conviver numa escola que se pretenda constituir como um ambiente amigável e solidário de aprendizagem.

Mais do que um projeto de educação para a cidadania, o que verdadeiramente distingue a Escola da Ponte é uma práxis de educação na cidadania. Essa clarificação é verdadeiramente fundamental para entender o que se passa na Ponte. O sentimento profundamente arraigado no indivíduo de pertença a uma comunidade e a consciência que dele decorre dos direitos e deveres que nos ligam aos outros não se aprendem nas cartilhas ou nos manuais de civismo, mas na experiência cotidiana de relacionamento e colaboração com os que estão mais próximos de nós. O civismo não se ensina e não se aprende – simplesmente (como diria o publicitário Fernando Pessoa) "entranha-se", isto é, organiza-se e pratica-se no dia a dia, de uma forma permanente, consistente e coerente. E é da prática do civismo que resultam a aprendizagem e a consciência da cidadania. Há muito que a Ponte o percebeu – e que age em conformidade.

Tudo o que acontece na Escola da Ponte é, antes de mais nada, "educação na cidadania". Quando as crianças pesquisam, investigam e aprendem em grupo e as "mais dotadas" se responsabilizam pelo acompanhamento e o apoio à aprendizagem das "menos dotadas"... Quando as crianças, desde a iniciação, habituam-se a pedir a palavra para falar e habituam-se a ouvir os outros em silêncio e com a devida atenção... Quando as crianças que julgam saber mais ou ser mais capazes sentem-se coletivamente estimuladas a oferecer ajuda, e quando as que julgam saber menos ou ser menos capazes não se sentem inibidas de pedir ajuda... Quando as crianças, no debate diário, partilham coletivamente as suas angústias, os seus sonhos, as suas dúvidas, as suas opiniões, as suas propostas – e o fazem, sabendo que vão ser escutadas e respeitadas pelos demais... Quando, no início de cada ano escolar, as crianças se envolvem na eleição dos membros da mesa da Assembleia e quando, de uma forma extremamente empenhada e responsável, promovem a constituição de listas, elaboram, divulgam e discutem os respectivos programas de ação, organizam todo o processo eleitoral e participam na campanha... Quando, todas as sextas-feiras, na Assembleia, as crianças refletem sobre os projetos e os problemas da escola e, solidariamente, procuram contribuir para a sua concretização e resolução... Quando as crianças, todos os anos, contratualizam com os adultos a sua carta de direitos e deveres...

Quando as crianças, todos os dias, vivem o exemplo de entreajuda e de estreita e fraternal colaboração dos seus professores... Quando tudo isso e tudo o mais (que só visto) acontece num ambiente amigável e solidário de aprendizagem – a educação na cidadania é o próprio respirar e sentir da comunidade, não é uma enxertia de conceitos pretensamente civilizadores numa cabeça cujo corpo está em permanente e agressiva disputa e concorrência com os outros.

Devemos à Ponte, entre muitas outras, esta lição – educar na cidadania não é o mesmo que educar para a cidadania.

Mas a mais extraordinária, cintilante e desafiadora lição que, porventura, devemos à Escola da Ponte (ainda que nem sempre devidamente enfatizada pelos observadores) refere-se à reformulação (absolutamente radical) dos papéis do "professor" e do "aluno", como membros de uma comunidade educativa.

A primeira grande surpresa que espera o visitante da Ponte é a aparente subversão de um conjunto de mecanismos e rituais que nos fomos habituando a associar à organização e ao funcionamento de uma escola. Na Ponte, tudo ou quase tudo parece obedecer a uma outra lógica. Não há aulas. Não há turmas. Não há fichas ou testes elaborados pelos professores para a avaliação dos alunos. Não há manuais escolares e, menos ainda, manuais únicos para todos os alunos. Não há toques de campainha ou de sineta. Em certos momentos, o observador mais distraído até poderá supor que, naquela escola, não há professores, de tal modo eles se confundem com os alunos ou são (ou parecem ser) desnecessários...

À medida, porém, que o observador procura ver e compreender melhor o que se passa ali, ele acaba percebendo o sentido de tudo, a tal lógica singular de organização e funcionamento da Escola da

Ponte. E percebe que a filosofia subjacente ao projeto pedagógico daquela comunidade é extraordinariamente simples e coerente com tudo o mais.

Ele percebe que naquela escola o currículo não é o professor, mas o aluno. A educação naquela escola, mais do que um caminho, é um percurso – e um percurso feito à medida de cada educando e, solidariamente, partilhado por todos. O resto são estratégias, são instrumentos, são meios – são "truques" e rotinas processuais.

Parece simples e até romântico? Parece, mas funciona. É ver, por exemplo, como as crianças elaboram quinzenalmente os seus planos de trabalho e como se propõem à avaliação, quando consideram ter atingido os objetivos de aprendizagem que se impuseram; é ver como as crianças organizam os seus roteiros de consulta bibliográfica e como operacionalizam as suas pesquisas; é ver como as crianças se empenham, responsavelmente, na concepção, na planificação, na concretização e na avaliação dos projetos; é ver como as crianças, semanalmente, elaboram, discutem e aprovam as atas da assembleia; é ver como as crianças, nos relatórios e comunicações, dão conta das suas "descobertas"; é ver como as crianças identificam e verbalizam as suas dificuldades de aprendizagem e como se disponibilizam solidariamente a ajudar os colegas que precisam e reclamam apoio; é ver como as crianças descrevem e falam da sua escola aos visitantes...

Para imensa surpresa dos observadores mais desprevenidos, o que acontece na Ponte significa uma verdadeira "revolução copernicana" no modo como os professores se posicionam diante dos alunos e os alunos diante dos professores e uns e outros diante do currículo.

Na Escola da Ponte, o currículo não existe em função do professor – é uma permanente referência do percurso de aprendizagem e de desenvolvimento do aluno e uma referência permanentemente apropriada pelo aluno. O aluno é, assim, o verdadeiro sujeito do currículo – não um instrumento ou um mero destinatário do currículo. Os professores não estão no centro da vida escolar, não são o sol do sistema curricular. Estão, relativamente às crianças, em permanente movimento de translação e circunvolução, procurando acompanhar, orientar e reforçar o percurso de aprendizagem e de desenvolvimento pessoal e social de cada aluno. A educação, afinal, sempre foi isso – e a singularidade do "projeto educativo" da Ponte decorre simplesmente do fato de não o ter esquecido.

Nos anos mais recentes, a Escola da Ponte converteu-se involuntariamente (foi sendo convertida) numa espécie de santuário dos peregrinos de um novo tipo de escola. Mas não são apenas os "crentes" que afluem à Vila das Aves – entre os forasteiros que demandam a Escola (na sua maioria, profissionais, estudantes e investigadores de educação), não são poucos aqueles que, incapazes de ver e sonhar o que não existe, vão apenas à procura de sinais que, simplesmente, confirmem o seu quase irreformável ceticismo. Muitos dos céticos saem da Ponte a cambalear, como se tivessem acabado de levar um poderoso murro no estômago. A tal Escola que eles julgavam não passar de uma mera ilusão propagandística fabricada e alimentada pelos setores mais vanguardistas do Ministério de Educação afinal existe mesmo e funciona. Seria extremamente interessante investigar o impacto profissional que a revelação da Ponte tem tido nesses céticos...

Outros, porém, diga-se que em muito menor número, saem da Ponte como entraram, rigidamente colados a um ceticismo que nada nem ninguém, pelo visto, poderá tirar-lhes. O modelo tradicional de escola que sempre conheceram pesa-lhes tanto no olhar, na memória e na experiência que já nem são capazes, sequer, de ver e reconhecer a novidade no que existe, quanto mais de sonhar e desejar o que não existe. Alguns, justiça ao menos lhes seja feita, ainda passam quase despercebidos pela Ponte e só mais tarde verbalizam a sua reiterada e acrisolada desconfiança relativamente ao que viram e ouviram. Outros, porém, como elefantes passeando em loja de porcelanas, deixam à sua passagem um imenso rasto de cacos partidos – provocam acintosamente, interferem abusivamente, insinuam indignidades e malfeitorias várias, desrespeitam, ofendem. Em geral, são professores jovens, saídos recentemente das universidades e das escolas superiores ditas de educação. E o triste "exemplo" do seu comportamento agressivo e intolerante deveria levar-nos, de uma vez por todas, a interrogar os sistemas de formação e de recrutamento de professores que persistimos em manter...

    Mas por aqui passa a última grande lição que devemos à Ponte. Em vez de se fechar como uma ilha de virtudes às interferências e à curiosidade tantas vezes mórbida e depredadora dos estranhos, a Escola da Ponte tem sempre as portas abertas para os amigos e os "inimigos", para os cúmplices e os detratores. Não conheço escola que seja fraternalmente tão aberta, tão transparente e tão acolhedora quanto a Ponte. E mais extraordinário ainda – por regra, são as crianças (e não os adultos) que recebem, acompanham e orientam os visitantes e que procuram dar a primeira resposta às suas dúvidas.

    Este livro, como todos os livros, tem uma história – e uma história que se entrecruza com a história da própria Escola da Ponte.

A história deste livro começa há alguns anos, quando o Centro de Formação Camilo Castelo Branco, de Vila Nova de Famalicão, tomou a iniciativa de bater à porta da Escola da Ponte (que se localiza no concelho vizinho de Santo Tirso) para lhe lançar um "desafio" – o de aceitar constituir-se, no quadro da formação contínua de professores, como um centro de "estágio".

Fraternalmente, como é seu timbre, a Escola da Ponte respondeu de imediato – "temos sempre as portas abertas para quem quiser trabalhar e refletir conosco". E respondeu mais: "Teremos certamente muito a aprender com as experiências profissionais, as observações, as reflexões e as críticas dos colegas que vierem". Essa disponibilidade para acolher os "estranhos" e para aprender com eles tocou-me profundamente, tão habituado que estava à resistência das escolas a serem observadas, questionadas e avaliadas.

Com a concretização do estágio, as relações de cooperação e de confiança recíproca entre a Escola da Ponte e o Centro de Formação foram-se naturalmente estreitando e intensificando, estabelecendo-se entre as duas entidades um permanente intercâmbio de projetos, cumplicidades e colaborações pontuais dos mais diversos tipos.

Foi nesse quadro de fraterna cooperação que, em maio de 2000, a convite e pela mão do Centro de Formação, o ilustre educador brasileiro Rubem Alves – de quem o Centro publicara uma antologia de textos sobre educação – foi levado a visitar a Escola da Ponte. A surpresa do visitante foi tamanha e de tal modo ficou encantado e fascinado com tudo o que viu e ouviu que, regressado ao Brasil, escreveu e publicou, num dos jornais em que habitualmente colabora (*Correio Popular*, de Campinas), um conjunto de seis crônicas dedicadas à Escola da Ponte, textos que tiveram e continuam a ter um fortíssimo impacto no país-irmão. A visita de Rubem Alves à Escola da Ponte seria, de resto, parcialmente acompanhada pelo grande jornalista Fernando Alves, da TSF, que lhe viria a dedicar um dos seus luminosos e inesquecíveis "Sinais".

Reconhecido o elevado interesse testemunhal das crônicas que Rubem Alves dedicara à Escola da Ponte, o Centro de Formação Camilo Castelo Branco propôs-se imediatamente a editá-las em Portugal, para o que obteve, de resto, a pronta e generosa anuência do autor e, posteriormente, o precioso e caloroso patrocínio de Edições ASA.

A presente edição, planejada e organizada pelo Centro de Formação Camilo Castelo Branco,* não se limita, porém, a recolher as crônicas de Rubem Alves publicadas no *Correio Popular*. Inclui ainda um inédito do mesmo autor, em que ele nos introduz à "experiência de iluminação" que a Escola da Ponte lhe proporcionou; o texto da crônica que o jornalista Fernando Alves, da TSF, dedicou à visita de Rubem Alves à Escola; um texto elaborado coletivamente pelos profissionais de educação da Ponte em que eles evocam e "comentam" a visita e as crônicas de Rubem; um testemunho confessional, em forma de diário, do consultor do Centro de Formação (Pedro Barbas Albuquerque) que tem acompanhado, para efeitos de avaliação, o estágio realizado na Escola da Ponte; e a transcrição de uma entrevista sobre a Escola da Ponte concedida por José Pacheco ao portal brasileiro Educacional. Inclui-se ainda, ao final, o programa do estágio centrado na Escola

---

* Referência à edição portuguesa do livro, que serviu de base para a edição brasileira. (N.E.)

da Ponte patrocinado pelo Centro de Formação Camilo Castelo Branco.*

Os testemunhos reunidos no presente livro lançam sobre a Escola da Ponte um olhar caleidoscópico – já que não a observam todos do mesmo ângulo ou ponto de vista. O leitor irá encontrar nos textos um conjunto diversificado de contribuições para melhor compreender a alma e a práxis educativas de uma escola verdadeiramente *sui generis*.

Termino este prefácio do modo como gostaria de o ter iniciado.

Quando eu nasci (1952), a escola já tinha sido inventada há muito tempo – mas muito poucos sabiam por que tinha de ser assim...

Quando eu entrei para a escola (1959), ainda ignorava que o mais importante que eu iria aprender na vida iria aprendê-lo fora da escola e, frequentemente, contra o que na escola me tinham querido ensinar...

Quando saí da escola (1975), tudo o que eu menos podia desejar era ter, um dia, de regressar à escola, à mesma escola soturna e ferozmente competitiva que, em sucessivas lavas de pesadelo, quase queimara em mim a vontade e o desejo de desvendar os desconhecidos e de ser cidadão...

Quando voluntariamente regressei à escola (1986), agora como professor, a uma escola que tantos me diziam rejuvenescida, descobri angustiadamente que quase tudo nela permanecia velho e

---

* Os alunos da Escola da Ponte também fizeram ilustrações evocativas da visita de Rubem Alves, as quais aparecem na capa desta edição. (N.E.)

anacrônico e nada, no essencial, mudara, a não ser o número dos oprimidos e dos deprimidos. Depois de, como pai, ter concluído que já não era mais possível educar com a escola de massas, mas contra ela – uma escola que cada vez mais era o espelho refletor de uma sociedade pateticamente mediocrizada, na qual, de todo, eu não me queria rever. E, para exorcizar o desassossego, comecei a repetir para mim, todos os dias, o *lied* da terceira das *Quatro Manhãs*, de Almada Negreiros:

> *Quando cheguei aqui o que havia estava no fim*
> *e o que estava por vir andava disperso pelo sonho de alguns.*
> *Mas a maioria vivia o seu dia a dia*
> *e todos contentes por serem todos assim.*
> *Eles não davam pelo fim*
> *quanto mais pelo que já assomava mais além*
> *– isto que já começava nos sonhos de alguém.*

Hoje, 15 anos depois de ter decidido regressar à escola, sei que havia muita gente como eu sonhando uma escola diferente e que a escola dos meus sonhos já existia – sem que eu pudesse imaginar que tão perto...

Este livro fala, enternecidamente, dessa escola e da descoberta dessa escola, desse lugar mágico de comunhão de afetos e de aprendizagens, de projetos e percursos de vida que é a Escola Básica da Ponte nº 1, em Vila das Aves.

Quando penso nela, frequentemente, apetece-me chorar. Pelas meninas e pelos meninos do meu país (incluindo os meus filhos) que não tiveram e provavelmente jamais terão o privilégio de se educar como cidadãos numa escola assim.

O PÁSSARO NO OMBRO*

Fernando Alves

Foi o meu querido amigo Ademar Ferreira dos Santos quem me indicou a clareira em que se costuma sentar Rubem Alves, o mineiro da Boa Esperança, teólogo sem dogmas, psicanalista e poeta, pedagogo ocupado a diagnosticar a doença da pedagogia, contador de estórias, catador de estórias dos meninos aos quais gosta de seduzir para a brincadeira, dentro e fora da escola.

Ademar tratou de trazer esse velho companheiro de Paulo Freire à Escola da Ponte, em Vila das Aves, o lugar mágico em que José Pacheco não deixa entrar o "olhar do bruxo", o olhar doente que perpetua a escola como "instituição dedicada à destruição das crianças".

Na quinta-feira estive em Vila das Aves escutando Rubem Alves: durante muito tempo ele conversou com as crianças da

---

* Texto da crônica dita por Fernando Alves na TSF ("Sinais", 8/5/2000).

Escola da Ponte, falou do pássaro encantado que ama a liberdade e voa para longe, guardando nas penas as cores dos lugares por onde passa e regressando, com as saudades que são o vento do amor, ao lugar onde uma menina o aguarda, sabendo que a menina não vai fechar a gaiola. O pássaro é, também, a estória que pousa no ombro da criança ou do adulto que não foi contaminado pelo olhar bruxo.

O pássaro pousa no ombro de todos os que sobreviverem à pergunta: o que queres ser quando fores grande? Como se o verbo *ser* nos fosse hipotecado na infância, condenados à lógica do sucesso, à lógica que impõe, como diz Rubem Alves, "mais sucesso na transformação do corpo infantil brincante no corpo adulto produtor".

Na tarde mágica da Escola da Ponte, os pássaros voaram de um certo poema de Ruy Belo e foram pousar nos ombros dos que estavam sentados em redor do contador de estórias, do homem grande que gosta de brincar. Então, ele contou que está escrevendo a estória de Pinóquio ao contrário: não a estória do Pinóquio que é um boneco de madeira ao qual a escola transforma num menino de carne e osso com alma de gente, mas a estória do menino de carne e osso e alma de gente ao qual a escola transforma num adulto de madeira, rígido e triste como Pinóquio.

Tudo foi claro para todos, ali presentes. Tudo foi tão claro para mim, pássaro espantado subitamente na clareira. Na escola em que a infância não para de brincar.

KOAN

Rubem Alves

Os mestres Zen eram educadores estranhos. Não pretendiam ensinar coisa alguma. O que desejavam era "desensinar". Avaliações de aprendizagem? Nem pensar. Mas estavam constantemente avaliando a desaprendizagem dos seus discípulos. E quando percebiam que a desaprendizagem acontecera, eles riam de felicidade...

Loucos? Há uma razão na loucura. "Desensinavam" para que os discípulos pudessem ver como nunca tinham visto. Nietzsche dizia que a primeira tarefa da educação é ensinar a ver. Ver é coisa complicada, não é função natural. Precisa ser aprendida. Os olhos são órgãos anatômicos que funcionam segundo as leis da física ótica. Mas a visão não obedece às leis da física ótica. Bernardo Soares: "O que vemos não é o que vemos, senão o que somos". É preciso ser diferente para ver diferente. Mas, e o

"Ser"? Ele é feito de quê? "Os limites da minha linguagem denotam os limites do meu mundo", dizia Wittgenstein. O "Ser" é feito de palavras. Prisioneiros da linguagem, só vemos aquilo que a linguagem permite e ordena ver. A visão é um processo pelo qual construímos nossas impressões óticas segundo o modelo que a linguagem impõe.

Então, para se ver diferente, é inútil refinar a linguagem, refinar as teorias. O refinamento das teorias só aumenta a clareza da mesmice. A pedagogia dos mestres Zen tinha por objetivo desarticular a linguagem, quebrar o seu "feitiço". Com o que concordaria Wittgenstein, que definia a filosofia como uma luta com o feitiço da linguagem. Quebrado o feitiço, os olhos são libertados dos "saberes" e ganham a condição de olhos de criança: veem como nunca haviam visto. Está lá em Alberto Caeiro, que fazia poesia para que os seus leitores ganhassem olhos de criança...

O meu olhar é nítido como um girassol.
Sei ter o pasmo essencial
Que tem uma criança se, ao nascer,
Reparasse que nascera deveras...
Sinto-me nascido a cada momento para a eterna novidade do
Mundo...

Creio no mundo como num malmequer,
Porque o vejo. Mas não penso nele
Porque pensar é não compreender...

O Mundo não se fez para pensarmos nele
(Pensar é estar doente dos olhos)
Mas para olharmos para ele e estarmos de acordo...

Não basta abrir a janela para ver os campos e o rio.
Não é bastante não ser cego para ver as árvores e as flores.
Para ver as árvores e as flores é preciso também não ter filosofia nenhuma.

Procuro despir-me do que aprendi,
Procuro esquecer-me do modo de lembrar que me ensinaram,
E raspar a tinta com que me pintaram os sentidos,
Desencaixotar as minhas emoções verdadeiras, desembrulhar-me e ser eu...

O essencial é saber ver.
– Mas isso (triste de nós que trazemos a alma vestida!),
Isso exige um estudo profundo,
Uma aprendizagem de desaprender...

A psicanálise é uma versão moderna da pedagogia Zen. Freud sugeriu que os neuróticos são pessoas "possuídas" pela memória, memória que as obriga a viver vendo o mundo da forma como o viram num dia passado. A memória nos torna prisioneiros do passado, não nos deixa perceber a "eterna novidade do Mundo". Os neuróticos são prisioneiros da sua mesmice. Por isso, são confiáveis: serão hoje e amanhã o que foram ontem. A psicanálise é uma pedagogia de desaprendizagem. É preciso esquecer o que se sabe a fim de ver o que não se via. Se a terapia for bem-sucedida, se o paciente conseguir desaprender suas memórias, então ele estará livre para ver um mundo que nunca havia imaginado.

Roland Barthes teve uma iluminação Zen na sua velhice. Na sua famosa "Aula", ele diz, como "últimas palavras":

Empreendo, pois, o deixar-me levar pela força de toda vida viva: o esquecimento. Há uma idade em que se ensina o que se sabe; vem, em seguida outra, em que se ensina o que não se sabe: isso se chama pesquisar. Vem talvez agora a idade de uma outra experiência, a de desaprender.

E ele conclui: "Essa experiência tem, creio eu, um nome ilustre e fora de moda, que ousarei tomar aqui sem complexo, na própria encruzilhada de sua etimologia: *Sapientia*..."

Os mestres Zen nada ensinavam. O seu objetivo era levar os seus discípulos a "desaprender" o que sabiam, a ficar livres de qualquer filosofia. Para isso eles se valiam de um artifício pedagógico a que davam o nome de *koan*. *Koans* são "rasteiras" que os mestres aplicam na linguagem dos discípulos: é preciso que eles caiam nas rachaduras de seus próprios saberes.

A psicanálise repete a mesma coisa: a verdade aparece inesperadamente quando acontece o *lapsus*, a queda, uma fratura no discurso lógico. Aí, nesse momento, a iluminação acontece. Abre-se um terceiro olho que estava fechado. Acontece o *satori*: o discípulo fica iluminado...

Isso que estou dizendo os poetas sempre souberam. Poemas são *koans*, violências à lógica da linguagem para que o leitor veja um mundo que nunca havia visto. É por isso que a experiência poética é sempre um evento místico, de euforia. Não resisto à tentação de transcrever um trecho do poema do Vinícius de Moraes, "O operário em construção". Tenho medo desse poema porque choro todas as vezes que o leio. Ele começa descrevendo a mesmice do mundo que o operário via no seu cotidiano, os pensamentos que ele pensava, as palavras que ele falava. Mas, de repente...

*De forma que, certo dia
À mesa, ao cortar o pão
O operário foi tomado
De uma súbita emoção
Ao constatar assombrado
Que tudo naquela mesa
Garrafa, prato, facão
Era ele quem os fazia
Ele, um humilde operário,
Um operário em construção.
Olhou em torno: gamela
Banco, enxerga, caldeirão,
Vidro, parede, janela,
Casa, cidade, nação!
Tudo, tudo o que existia
Era ele quem o fazia
Ele, um humilde operário
Um operário que sabia
Exercer a profissão.
Ah, homens de pensamento
Não sabereis nunca o quanto
Aquele humilde operário
Soube naquele momento!
Naquela casa vazia que ele mesmo levantara
Um mundo novo nascia
De que nem sequer suspeitava.
E o operário emocionado
Olhou para sua própria mão
Sua rude mão de operário,
E olhando bem para ela
Teve um segundo a impressão
De que não havia no mundo
Coisa que fosse mais bela.*

Estou dizendo todas essas coisas para explicar o que aconteceu comigo, quando visitei a Escola da Ponte. A Escola da Ponte foi um *koan*, um *lapsus*, uma experiência de iluminação...

Minha grande paixão é a educação. Não posso me conformar com os absurdos que perpassam nossas rotinas escolares: o sofrimento das crianças, a perda de tempo, os esforços desnecessários, os esforços inúteis, os esforços absurdos – o maior exemplo de toda essa irracionalidade sendo, para mim, os exames a que os jovens têm de se submeter, no Brasil, para ingressar na universidade. Já sugeri que um simples sorteio de vagas seria menos danoso à vida e à inteligência das crianças e dos jovens. E sobre isso escrevi muito...

Faltava-me, entretanto, ver, na minha imaginação, utopicamente, uma escola que, de alguma forma, realizasse os meus sonhos. Quando visitei a Escola da Ponte eu pude ver aquilo com que eu sempre sonhara. O *koan* aconteceu a partir do espantoso momento inicial. Eu, professor estrangeiro, visitante, vou visitar a escola, esperando que o seu diretor me desse as devidas explicações. Mas nada disso aconteceu. Depois de trocar comigo aquelas palavras iniciais de cordialidade, ele simplesmente chamou uma menina de uns nove anos que estava passando e lhe disse, com total tranquilidade: "Tu podes mostrar e explicar a nossa escola ao nosso visitante?" Ditas essas palavras, ele me abandonou sem pedir desculpas e a menininha assumiu a tarefa com uma inteligência e um desembaraço que me deixaram perplexo. Compreendi, então, que eu me encontrava diante de uma escola que eu nunca imaginara.

Não sei se experiências podem ser repetidas. Não sei se a Escola da Ponte pode ser reduplicada. Se conto essa experiência é na esperança de que meus leitores tenham *satori* – que eles desaprendam as montanhas de teorias que são constantemente despejadas sobre eles (os burocratas da educação sempre imaginam que os professores serão "capacitados" se mais saberes lhes forem acrescentados. Jamais lhes passa pela cabeça que a questão não é somar saberes, mas subtrair saberes...), para que possam ver coisas que nunca viram. E é isso que importa. É assim que se inicia a sabedoria.

As crônicas que se seguem foram o relato, aos meus leitores no Brasil, da experiência de *satori* que tive na Escola da Ponte. Por isso sou grato. Fiquei iluminado...

QUERO UMA ESCOLA RETRÓGRADA...*

Rubem Alves

Aforismo que repito sempre: "Numa terra de fugitivos, aquele que anda na direção contrária parece estar fugindo". O poeta T.S. Eliot, que o escreveu, pôs o fugitivo no singular: um ser solitário. E era assim que eu sempre me sentia, andando sozinho na direção contrária. Mas, repentinamente, descobri um outro "fugitivo", um velho de longas barbas e que fumava um charuto fedorento.

Não gosto de cheiro de charutos. Mas gosto de companhia. Aproximei-me dele e o reconheci. O nome dele era Karl Marx. Fiquei espantado porque sempre pensei que ele se encontrava no meio da multidão dos que andam para frente, os modernos, economistas, cientistas, pois foi isso que sempre disseram dele os que se diziam seus intérpretes. De fato, as roupas que ele usava eram modernas, feitas de tecido fabricado naquelas tecelagens (que

---

* Crônica publicada no jornal *Correio Popular* de Campinas (14/5/2000).

ele odiava) onde trabalhavam mulheres e crianças 16 horas por dia, para enriquecer os donos. Evidentemente faltavam-lhe tempo e habilidade para fazer o que fazia aquele outro retrógrado chamado Gandhi, que tecia seus próprios tecidos num tear doméstico que ele afirmava ter poderes terapêuticos e sapienciais. Percebi que ele era moderno por fora, mas o seu coração era retrógrado; andava para trás. Como o meu.

Psicanalista, presto atenção nos detalhes, os *lapsus*, e foi assim que descobri esse segredo que ninguém mais sabia: um pequeno texto... Ele dizia nesse texto que o operário, ao ver o objeto que produzira, tinha de ver o seu próprio rosto refletido nele. Cada objeto tem de ser um espelho, tem de ter a cara daquele que o produziu. Quando o operário vê seu rosto refletido no objeto que ele produziu, ele sorri feliz. O trabalho, com todo o seu sofrimento, valeu a pena: foi dor de parto. Agora, meu leitor, peço-lhe: ande por sua casa e examine os objetos modernos que há por lá: liquidificadores, torradeiras, fogões, computadores. Olhando para eles, cara de quem você vê? Se, em vez de estar comprando um desses objetos numa dessas lojas que vendem tudo para fazer sua mãe feliz – eles, os vendedores, acham que sua mãe é muito curta de inteligência e de sentimentos –, você estiver numa exposição de arte (esculturas do Santos Lopes, esse extraordinário artista português, por exemplo) e você se apaixonar por uma delas, você poderá procurar um lugar, na escultura, onde ele colocou sua assinatura. Você compra a escultura, leva-a para sua casa, põe na sala, e se eu for visitá-lo, ao ver a escultura, direi imediatamente, antes de examiná-la: "Ah! Você tem uma Santos Lopes!" Todas as esculturas do Santos Lopes têm a cara dele (mesmo que ele não as assine; são inconfundíveis!). Mas o nome de que artesão irei dizer ao ver seu liquidificador, sua torradeira, seu computador, sua esferográfica? Esses objetos foram feitos por pessoas sem nome. Foram produzidos em linhas de montagem. São todos iguais. Quando ficam velhos são jogados fora e outros, novos, também produzidos em linhas de montagem, são comprados. Operários que trabalham em linha de montagem não assinam suas obras (porque não são deles) nem veem seu rosto refletido nelas. Foi isso que me fez concluir, a partir da pequena afirmação de Marx, que ele destruiria as linhas de montagem, se pudesse, voltando então a um tempo passado onde cada obra era espelho como assinatura.

Acontece que objetos com o rosto do artesão e assinatura não chegam para alimentar a economia capitalista, que tem uma fome insaciável. Marx sonhava com uma situação que já não mais existia – o ateliê do artesão medieval, cada artista, cada aprendiz, fazendo uma coisa única, que nunca mais se repetiria: em cada objeto o rosto de quem o produzira, cada objeto uma experiência de felicidade narcísea. É isso que combina conosco, seres humanos, únicos, que nunca se repetem.

Como são produzidos liquidificadores, máquinas de lavar roupa, computadores, automóveis? São produzidos numa "linha de montagem". De maneira simplificada: uma esteira que se movimenta. Ao lado dela estão operários. Cada operário tem uma função específica. O processo se inicia com uma "peça original" à qual, à medida que a esteira corre, os operários vão acrescentando as partes que irão compor o objeto final. Nenhum operário faz o objeto, individualmente. Cada operário faz uma única operação: juntar, soldar, aparafusar, cortar, testar. O resultado da linha de montagem é a produção rápida e controlada de objetos iguais. A igualdade dos objetos finais é a prova da qualidade do processo. O que não for igual, isto é, o que apresentar alguma peculiaridade que o distinga do objeto ideal, é eliminado. A função da "peça original", como se vê, é a de ser simples suporte para as outras peças que lhe vão sendo acrescentadas. Ao final do processo a "peça original" praticamente desapareceu. No seu lugar está o objeto que vale pela sua função dentro do processo econômico.

Nossas escolas são construídas segundo o modelo das linhas de montagem. Escolas são fábricas organizadas para a produção de unidades biopsicológicas móveis, portadoras de conhecimentos e habilidades. Esses conhecimentos e habilidades são definidos exteriormente por agências governamentais a que se conferiu autoridade para isso. Os modelos estabelecidos por tais agências são obrigatórios, e têm a força de leis. Unidades biopsicológicas móveis que, ao final do processo, não estejam de acordo com tais modelos são descartadas. É a sua igualdade que atesta a qualidade do processo. Não havendo passado no teste de qualidade-igualdade, elas não recebem os certificados de excelência ISO 12000, vulgarmente denominados diplomas. As unidades biopsicológicas móveis são aquilo que vulgarmente recebe o nome de "alunos".

As linhas de montagem denominadas escolas organizam-se segundo coordenadas espaciais e temporais. As coordenadas espaciais se denominam "salas de aula". As coordenadas temporais se denominam "anos" ou "séries". Dentro dessas unidades espaço-tempo, os professores realizam o processo técnico-científico de acrescentar sobre os alunos os saberes-habilidades que, juntos, irão compor o objeto final. Depois de passar por esse processo de acréscimos sucessivos – à semelhança do que acontece com os "objetos originais" na linha de montagem da fábrica –, o objeto original que entrou na linha de montagem chamada escola (naquele momento ele chamava "criança") perdeu totalmente a visibilidade e se revela, então, como um simples suporte para os saberes-habilidades que a ele foram acrescentados durante o processo. A criança está, finalmente, formada, isto é, transformada num produto igual a milhares de outros ISO 12000: está formada, isto é, de acordo com a fôrma. É mercadoria espiritual que pode entrar no mercado de trabalho.

Aí o meu companheiro de direção contrária me perguntou se não seria possível mudar as coisas. Abandonar a linha de montagem de fábrica como modelo para a escola e, andando mais para trás, tomar o modelo medieval da oficina do artesão como modelo para a escola. O mestre-artesão não determinava como deveria ser o objeto a ser produzido pelo aprendiz. Os aprendizes, todos juntos, iam fazendo cada um a sua coisa. Eles não tinham de reproduzir um objeto ideal escolhido pelo mestre. O mestre estava a serviço dos aprendizes e não os aprendizes a serviço do mestre. O mestre ficava andando pela oficina, dando uma sugestão aqui, outra ali, mostrando o que não ficara bem, mostrando o que fazer para ficar melhor (modelo maravilhoso de "avaliação"). Trabalho duro, fazer e refazer. Mas os aprendizes trabalham sem que seja preciso que alguém lhes diga que devem trabalhar. Trabalham com concentração e alegria, inteligência e emoção de mãos dadas. Isso sempre acontece quando se está tentando produzir o próprio rosto (e não o rosto de um outro). Ao final, terminado o trabalho, o aprendiz sorri feliz, admirando o objeto produzido.

São extraordinários os esforços que estão sendo feitos para fazer com que nossas linhas de montagem chamadas escolas fiquem tão boas quanto as japonesas. Mas o que eu gostaria mesmo é de acabar com elas. Sonho com uma escola retrógrada, artesanal...

Impossível? Eu também pensava. Mas fui a Portugal e lá encontrei a escola com que sempre sonhara: a "Escola da Ponte". Encantei-me vendo o rosto e o trabalho dos alunos: havia disciplina, concentração, alegria e eficiência.

A seguir falarei sobre ela.

A ESCOLA DA PONTE (1)*

Rubem Alves

Tudo começou acidentalmente num lugar de Portugal cujo nome eu nunca ouvira: Vila Nova de Famalicão. Posteriormente me ensinaram que era a cidade onde vivera Camilo Castelo Branco, romancista gigante de vida trágica. Menino ainda, li o seu livro *Amor de perdição*, evidentemente sem nada compreender. Li porque não tinha outra coisa para fazer e o livro estava lá, na estante do meu pai. Camilo se apaixonou por uma mulher casada que, por sua vez, se apaixonou por ele, e os dois fugiram para viver um amor louco e criminoso. Naqueles tempos do século passado, adultério era crime – o marido traído pôs a polícia no encalço do sedutor, que foi preso e passou anos na prisão, sem que o seu amor diminuísse. Imagino que o título do seu livro *Amor de perdição* tenha sido inspirado em sua própria desgraça. Mas o marido finalmente morreu

---

* Crônica publicada no jornal *Correio Popular* de Campinas (21/5/2000).

e os dois apaixonados viveram o resto de suas vidas na casa que pertencera ao marido. Velho, Camilo Castelo Branco ficou cego e foi abandonado pelos amigos. De tristeza, pôs um fim à sua vida. A casa é hoje um museu.

Existe ali um Centro de Formação Camilo Castelo Branco, dirigido pelo professor Ademar Santos. Pois há alguns anos, por obra de uma brasileira que lá vive, chegou às mãos do professor Ademar um livrinho meu, velho e surrado, *Estórias de quem gosta de ensinar*. Ademar sentiu logo que éramos conspiradores de ideias, passou a caçar o que eu escrevia, descobrindo-me finalmente nas crônicas que publico aqui no *Correio Popular* aos domingos. Passamos a nos corresponder via *e-mail* e o Centro de Formação Camilo Castelo Branco acabou por convidar-me a lá passar uma semana. E foi o que fiz de 2 a 7 de maio.

Eu já havia estado anteriormente em Portugal como turista, tendo conhecido monumentos, restaurantes e cidades. Dessa vez foi diferente. Conheci pessoas. Conversei com elas. Tive a recepção mais generosa e inteligente de toda a minha vida. Recepções generosas – isso é fácil: passeios, jantares, presentes, homenagens. Mas eu insisto no "inteligente". Cada ocasião era uma aprendizagem que me assombrava. Dentre elas a Escola da Ponte. Pedi que o Ademar me desse explicações preliminares, antes da visita. Ele se recusou. Disse-me que explicações seriam inúteis. Eu teria de ver e experimentar.

A Escola da Ponte é dirigida por José Pacheco, um educador de voz mansa e poucas palavras. Imaginei que ele seria meu guia e explicador. Em vez disso ele chamou uma aluna de uns dez anos que passava e disse: "Será que tu poderias mostrar e explicar a nossa escola a este visitante?" Ela acenou que sim com um sorriso e passou a me guiar. Antes de entrar no lugar onde as crianças estavam, ela parou para me dar a primeira explicação, que tinha por objetivo, imagino, amenizar a surpresa.

Aqui, quando a gente vai a uma escola, sabe o que vai encontrar: salas de aulas, em cada sala um professor, o professor ensinando, explicando a matéria prevista nos programas oficiais, as crianças aprendendo. A intervalos regulares soa uma campainha; sabe-se então que vai haver uma mudança; muda-se de matéria, frequentemente muda-se de professor, pois há professores de matemática, de geografia, de ciências etc., cada um ensinando a disciplina de sua especialidade. Já falei sobre isso na crônica passada: as linhas de montagem.

É preciso imaginar o delicioso "portuguesh" que se fala em Portugal, para sentir a música segura e tranquila da fala da menina.

Nósh não têmosh, como nas outrash escolash [daqui para frente escreverei do jeito normal...], salas de aulas. Não temos classes separadas, 1º ano, 2º ano, 3º ano... Também não temos aulas, em que um professor ensina a matéria. Aprendemos assim: formamos pequenos grupos com interesse comum por um assunto, reunimo-nos com uma professora e ela, conosco, estabelece um programa de trabalho de 15 dias, dando-nos orientação sobre o que deveremos pesquisar e os locais onde pesquisar. Usamos muito os recursos da Internet. Ao final dos 15 dias nos reunimos de novo e avaliamos o que aprendemos. Se o que aprendemos foi adequado, aquele grupo se dissolve, forma-se um outro para estudar outro assunto.

Ditas essas palavras, ela abriu a porta e, ao entrar, o que vi me causou espanto. Era uma sala enorme, enorme mesmo, sem divisões, cheia das mesinhas baixas, próprias para as crianças. As crianças trabalhavam nos seus projetos, cada uma de uma forma.

Moviam-se algumas pela sala, na maior ordem, tranquilamente. Ninguém corria. Ninguém falava em voz alta. Em lugares assim normalmente se ouve um zumbido, parecido com o zumbido de abelhas. Nem isso se ouvia. Notei, entre as crianças, algumas com síndrome de Down que também trabalhavam. As professoras estavam assentadas com as crianças, em algumas mesas, e se moviam quando necessário. Nenhum pedido de silêncio. Nenhum pedido de atenção. Não era necessário.

À esquerda da porta de entrada havia frases escritas com letras grandes, afixadas na parede. A menina explicou: "Aprendemos a ler lendo frases inteiras". Lembrei-me que foi assim que eu aprendi a ler. Minha primeira cartilha se chamava *O livro de Lili*. Na primeira página havia o desenho de uma menininha com o seguinte texto, que nunca esqueci: "Olhem para mim./Eu me chamo Lili./Eu comi muito doce./Vocês gostam de doce?/Eu gosto tanto de doce!" Imaginei que a diferença, talvez, fosse que o texto de *O livro de Lili* tinha sido escrito por uma pessoa no seu escritório. E que as frases que se encontravam escritas na parede da Escola da Ponte eram frases propostas pelas próprias crianças, frases que diziam o que elas estavam vivendo. Aprendiam, assim, que a escrita serve para dizer a vida que cada um vive. Pensei que é assim que as crianças aprendem a falar. Elas aprendem palavras inteiras, pois somente palavras inteiras fazem sentido. Elas não aprendem os sons para depois juntar os sons em palavras. "Mas é importante saber as letras na ordem certa", ela continuou, "porque é assim que se aprende a ordem alfabética, necessária para o uso dos dicionários" (Ela falava assim mesmo, não é invenção minha...).

Notei, numa mesa ao lado, uma menina que escrevia e consultava um dicionário. Agachei-me para conversar com ela.

"Você está procurando no dicionário uma palavra que você não sabe?", perguntei.

Não, eu sei o sentido da palavra. Mas estou a escrever um texto para os miúdos e usei uma palavra que, penso, eles não conhecem. Como eles ainda não sabem a ordem alfabética e não podem consultar o dicionário, estou a escrever um pequeno dicionário ao pé da página do meu texto para que eles o compreendam.

"Estou a escrever um texto para os miúdos" – foi o que ela disse. Na Escola da Ponte é assim. As crianças que sabem ensinam as crianças que não sabem. Isso não é exceção. É a rotina do dia a dia. A aprendizagem e o ensino são um empreendimento comunitário, uma expressão de solidariedade. Mais que aprender saberes, as crianças estão aprendendo valores. A ética perpassa silenciosamente, sem explicações, as relações naquela sala imensa. Na outra parede encontrei dois quadros de avisos. Num deles estava afixada a frase: "Tenho necessidade de ajuda em...". E, no outro, a frase: "Posso ajudar em..." Qualquer criança que esteja tendo dificuldades em qualquer assunto coloca ali o assunto em que está tendo dificuldades e o seu nome. Um outro colega, vendo o pedido, vai ajudá-la. E qualquer criança que se ache em condições de ajudar em algum assunto coloca ali o assunto em que se julga competente e o seu nome. Assim, vai se formando uma rede de relações de ajuda.

Ando um pouco mais e encontro uma menina com síndrome de Down trabalhando com outras, numa mesinha. Ela trabalha de forma concentrada. Sua presença é uma presença igual à de todas as demais crianças: alguém que não sabe muitas coisas, que pode aprender muitas coisas. Acima de tudo ela aprende que ela tem um lugar importante na vida. Andando, vi um texto intitulado: "Direitos das crianças quanto à leitura". O primeiro direito rezava: "Toda criança tem o direito de não ler o livro de que não gosta". Ah!", pensei, "é possível que Jorge Luis Borges tenha andado por aqui..." Li depois, o texto dos "Direitos e Deveres" elaborados pelas próprias crianças. Dentre todos, o que mais me impressionou foi o que dizia assim: "Temos o direito de ouvir música na sala de trabalho para pensarmos em silêncio"...

Nesse momento eu já estava encantado! Já contarei mais...

A ESCOLA DA PONTE (2)*

Rubem Alves

Encantado, continuei a explorar o espaço da Escola da Ponte – espaço que eu nunca havia imaginado – e notem que minha imaginação é muito fértil! A menina que me guiava apontou para um computador num canto da sala imensa: "É o computador do 'Acho bom' e do 'Acho mau'. Quando nos sentimos contentes com algo, escrevemos no 'Acho bom'. Quando, ao contrário, nos sentimos infelizes, escrevemos no 'Acho mau'". Examinei o "Acho mau". A curiosidade é sempre espicaçada por coisas ruins. "Acho mau que o Tomás dê estalos na cara da Francisca." Pensei: "Ah! Tomás! Tu estás perdido! Todos já sabem o que fazes! Se continuares, certamente terás de comparecer perante o Tribunal para dares conta dos teus atos". E no "Acho bom" estão os louvores aos gestos e coisas boas. Treinamento dos olhos e da fala. O normal é que os olhos vejam mais as coisas ruins e que a boca tenha mais prazer em falar sobre

---

* Crônica publicada no jornal *Correio Popular* de Campinas (28/5/2000).

elas. Mas lá, na Escola da Ponte, as crianças são convidadas a ver o bom, o bonito, o generoso, e a falar sobre eles.

Tribunal... A menina me havia falado sobre problemas de disciplina. Para tais situações as crianças estabeleceram um Tribunal. Aquele que desrespeita as regras de convivência por elas mesmas estabelecidas tem de comparecer perante esse Tribunal. Sua primeira pena é pensar durante três dias sobre os seus atos. Depois ele retorna, para dizer o que pensou. Minha guia não me esclareceu sobre o que acontece com os impenitentes reincidentes. Mas o culpado fui eu: não perguntei.

Aí fomos para o refeitório. Havia um grupo de alunos e professoras reunido à volta de uma mesa. "Estão a preparar a assembleia de hoje. Temos uma assembleia que se reúne semanalmente para tratar dos problemas da escola e para sugerir soluções. Aquele é o presidente", ela me disse, apontando para um menino.

Ao fim do dia reuniu-se a assembleia. Fui convidado a falar alguma coisa. Havia levado comigo um carrinho, feito com uma lata de sardinha. Já escrevi sobre ele. Quando o vi pela primeira vez, numa exposição de brinquedos na Bahia, fiquei tão impressionado que a dona da exposição deu-mo (Meu Deus! Fiquei infectado pela maneira portuguesa erudita de falar! Para quem não sabe: me + o) de presente. Conversei com as crianças sobre o carrinho. O que me interessava não era o carrinho. Era o processo de sua produção. Brinquedo construído por um menino pobre que sonhava com um carrinho e não tinha dinheiro para comprar. Se fosse rico, era só pedir para o pai – ele compraria um carrinho eletrônico movido ao aperto de um botão, o que desenvolveria o dedo e atrofiaria a inteligência. Dinheiro demais é emburrecedor. Perguntei uma pergunta tola: "Em que loja se compra um carrinho assim?" Esperava a resposta óbvia: "Esse carrinho não se compra em lojas..." Uma menina levantou o dedo. O que ela disse me assombrou: "Esse carrinho se compra na loja das mãos". "Loja das mãos": ela me respondeu com poesia...

Seguiu-se um período de perguntas. Pasmem: em nenhum momento qualquer aluno interrompeu o outro. Isso é lei que as crianças estabeleceram. Está escrito na lista de "Direitos e Deveres". Pensei que o senador Antônio Carlos Magalhães e o deputado Jader Barbalho deveriam fazer um estágio na Escola da Ponte. Quem desejava falar levantava a mão e aguardava a indicação do presidente. Às 5 horas o presidente falou: "Já está na hora de terminar. Vou dar a palavra para mais um colega e terminaremos". E assim foi. Ao final, vieram conversar comigo. Uma menina me perguntou: "Tens *mirk*?" Nem sei se é assim que se escreve. O fato é que eu nunca havia ouvido essa palavra. Ela me explicou: "Aquele programa de computador que permite que se converse. Quero conversar contigo..." Não. Eu não tinha *mirk*... Um menininho chegou à minha frente segurando um chaveiro: uma correntinha com um pequeno sino na ponta. Ficou olhando para mim. Perguntei: "E isso?" "Um presente para ti", respondeu. Não me esquecerei do Sérgio...

Sei que vocês devem estar incrédulos. Como é possível uma escola assim, sem turmas, sem professores e aulas de português, geografia, ciências, história, em lugares e horas determinados, de acordo com um programa, linha de montagem, com testes e conceitos ao final? Será que as crianças aprendem?

Respondo fazendo uma pergunta: qual é a coisa mais difícil de ser ensinada, mais difícil de ser aprendida, quem ensina não sabe que está ensinando, quem aprende não sabe que está aprendendo e, ao final, a aprendizagem acontece sempre? É a linguagem. Não existe nada, absolutamente nada, que se compare à linguagem em complexidade. No entanto, sem que haja qualquer ensino formal, sem que os que ensinam a falar – pai, mãe, tio, avô, irmãos – tenham tido aulas teóricas sobre a formação da linguagem, as crianças aprendem a falar.

Imaginem que o ensino da linguagem se desse em escolas, segundo os moldes de linha de montagem que conhecemos: aulas de substantivos, aulas de adjetivos, aulas de verbos, aulas de sintaxe, aulas de pronúncia. O que aconteceria? As crianças não aprenderiam a falar. Por que é que a aprendizagem da linguagem é tão perfeita, sendo tão informal e tão sem ordem certa? Porque ela vai acontecendo seguindo a experiência vital da criança: o falar vai colado à experiência que está acontecendo no presente. Somente aquilo que é vital é aprendido. Por que é que, a despeito de toda pedagogia, as crianças têm dificuldades em aprender nas escolas? Porque nas escolas o ensinado não vai colado à vida. Isso explica o desinteresse dos alunos pela escola. Alguns me contestarão dizendo: "Mas o meu filho adora a escola!" Pergunto: Ele adora a escola por aquilo que está aprendendo ou por outras razões? Confesso não saber de um aluno que tenha prazer em conversar com os pais sobre aquilo que está aprendendo na escola. Explica também a indisciplina. Por que haveria uma criança de disciplinar-se, se aquilo que ela tem de aprender não é aquilo que o seu corpo deseja saber? E explica também a preguiça que sentem as crianças ao se defrontarem com as lições de casa. Roland Barthes tem um delicioso ensaio sobre a preguiça. Segundo ele, há dois tipos de preguiça. Um deles, abençoado, é a preguiça de quem está deitado na rede de barriga cheia. Não quer fazer nada porque na rede está muito bom. O outro tipo é a preguiça infeliz, ligado inseparavelmente à escola. O aluno se arrasta sobre a lição de casa. Não quer fazê-la. A vida o está chamando numa outra direção mais alegre. Mas ele não tem alternativas. É obrigado a fazer a lição. Por isso ele se arrasta em sofrimento.

O conhecimento é uma árvore que cresce da vida. Sei que há escolas que têm boas intenções, e que se esforçam para que isso aconteça. Mas as suas boas intenções são abortadas porque são obrigadas a cumprir o programa. Programas são entidades abstratas, prontas, fixas, com uma ordem certa. Ignoram a experiência que a criança está vivendo. Aí tenta-se, inutilmente, produzir vida a partir dos programas. Mas não é possível, a partir da mesa de anatomia, fazer viver o cadáver. O que vi na Escola da Ponte é o conhecimento crescendo a partir das experiências vividas pelas crianças.

Aí vocês me perguntarão: "Mas o programa é cumprido?" Sobre isso falarei na próxima crônica.

A ESCOLA DA PONTE (3)*

Rubem Alves

Contei sobre a escola com que sempre sonhei, sem imaginar que pudesse existir. Mas existia, em Portugal... Quando a vi, fiquei alegre e repeti, para ela, o que Fernando Pessoa havia dito para uma mulher amada: "Quando te vi, amei-te já muito antes..."

Gente de boa memória jamais entenderá aquela escola. Para entender é preciso esquecer quase tudo o que sabemos. A sabedoria precisa de esquecimento. Esquecer é livrar-se dos jeitos de ser que se sedimentaram em nós, e que nos levam a crer que as coisas têm de ser do jeito como são. Não. Não é preciso que as coisas continuem a ser do jeito como sempre foram.

Como são e têm sido as escolas? Que nos diz a memória? A imagem: uma casa, várias salas, crianças separadas em grupos chamados "turmas". Nas salas, os professores ensinam saberes.

---

* Crônica publicada no jornal *Correio Popular* de Campinas (4/6/2000).

Toca uma campainha. Terminou o tempo da aula. Os professores saem. Outros entram. Começa uma nova aula. Novos saberes são ensinados. O que os professores estão fazendo? Estão cumprindo um "programa". "Programa" é um cardápio de saberes organizados em sequência lógica, estabelecido por uma autoridade superior invisível, que nunca está com as crianças. Os saberes do cardápio "programa" não são "respostas" às perguntas que as crianças fazem. Por isso as crianças não entendem por que têm de aprender o que lhes está sendo ensinado. Nunca vi uma criança questionar a aprendizagem do falar. Uma criancinha de oito meses já está doidinha para aprender a falar. Ela vê os grandes falando entre si, falando com ela, sente que falar é uma coisa divertida e útil, e logo começa a ensaiar a fala, por conta própria. Faz de conta que está falando. Balbucia. Brinca com os sons. E quando consegue falar a primeira palavra, sente a alegria dos que a cercam. E vai aprendendo, sem que ninguém lhe diga que ela tem de aprender a falar e sem que o misterioso processo de ensino e aprendizagem da fala esteja submetido a um programa estabelecido por autoridades invisíveis. Ela aprende a falar porque o falar é parte da vida.

Nunca ninguém me disse que eu deveria aprender a descascar laranjas. Aprendi porque via meu pai descascando laranjas com uma mestria ímpar, sem arrebentar a casca e sem ferir a laranja, e eu queria fazer aquilo que ele fazia. Aprendi sem que me fosse ensinado. A arte de descascar laranjas não se encontra em programas de escola. O corpo tem uma precisa filosofia de aprendizagem: ele aprende os saberes que o ajudam a resolver os problemas com que está se defrontando. Os programas são uma violência que se faz com o jeito que o corpo tem de aprender. Não admira que as crianças e os adolescentes se revoltem contra aquilo que os programas os obrigam a aprender. Ainda ontem uma amiga me contava que sua filha, de dez anos, dizia-lhe: "Mãe, por que tenho de ir à escola? As coisas que tenho de aprender não servem para nada. Que me adianta saber o que significa 'oxítona'? Pra que serve essa palavra?" A menina sabia mais que aqueles que fizeram os programas.

Vamos começar do começo. Imagine o homem primitivo, exposto à chuva, ao frio, ao vento, ao sol. O corpo sofre. O sofrimento faz pensar: "Preciso de abrigo", ele diz... Aí, forçada pelo sofrimento, a inteligência entra em ação. Pensa para deixar de sofrer. Pensando, conclui: "Uma caverna seria um bom abrigo contra a chuva, o frio, o vento, o sol..." Instruídos pela inteligência, os homens procuram uma caverna e passam a morar nela. Resolvido o sofrimento, a inteligência volta a dormir. Mas aí, forçados ou pela fome ou por um grupo armado que lhes toma a caverna, eles são obrigados a se mudar para uma planície onde não há cavernas. O corpo volta a sofrer. O sofrimento acorda a inteligência e faz com que ela trabalhe de novo. A solução original não serve mais: não há cavernas. A inteligência pensa e conclui: "É preciso construir uma coisa que faça as vezes de caverna. Essa coisa tem de ter um teto, para proteger do sol e da chuva. Tem de ter paredes, para proteger do vento e do frio. Com que se pode fazer um teto?" A inteligência se põe então a procurar um material que sirva para fazer o teto. Folhas de palmeira? Capim? Pedaços de pau? Mas o teto não flutua no ar. Tem de haver algo que o sustente. Paus fincados? Sim. Mas para fincar um pau é preciso descobrir uma ferramenta para cortar o pau. Depois, uma ferramenta para fazer o buraco na terra. E assim vai a inteligência, inventando ferramentas e técnicas, à medida que o corpo se defronta com necessidades práticas. A inteligência, entre os esquimós, jamais pensaria uma casa de pau a pique. Entre eles não há nem madeira nem barro. Produziu o iglu. E a inteligência do homem que vive na floresta jamais pensaria um iglu – porque nas florestas não há gelo. Produziu a casa de pau a pique. A inteligência é essencialmente prática. Está a serviço da vida.

Um exercício fascinante a se fazer com as crianças seria provocá-las para que elas imaginassem o nascimento dos vários objetos que existem numa casa. Todos os objetos, os mais humildes, têm uma história para contar. Que necessidade fez com que se inventassem panelas, facas, vassouras, o fósforo, a lâmpada, as garrafas, o fio dental? Quais poderiam ter sido os passos da inteligência, no processo de inventá-los? Quem é capaz de, na fantasia, reconstruir a história da invenção desses objetos fica mais inteligente.

Depois de inventados, eles não precisam ser inventados de novo. Quem inventou passa a possuir a receita para sua fabricação. E é assim que as gerações mais velhas passam para seus filhos as receitas de técnicas que tornam possível a sobrevivência. Esse é o seu mais valioso testamento: um saber que torna possível viver. As gerações mais novas, assim, são poupadas do trabalho de inventar tudo de novo. E os jovens aprendem com alegria as lições dos mais velhos: porque suas lições os fazem participantes do processo de vida que une a todos. A aprendizagem da linguagem se dá de forma tão eficaz porque a linguagem torna a criança um membro do grupo: ela participa da conversa, fala e os outros ouvem, ri das coisas engraçadas que se dizem. O mesmo pode ser dito da aprendizagem de técnicas: o indiozinho que aprende a fabricar e a usar o arco e a flecha, a construir canoas e a pescar, a andar sem se perder na floresta, a construir ocas está se tornando num membro do seu grupo, reconhecido por suas habilidades e por sua contribuição à sobrevivência da tribo. O que ele aprende e sabe faz sentido. Ele sabe o uso dos seus saberes.

(A menininha não sabia o uso da palavra "oxítona". Nem eu. Sei o que ela quer dizer. Não sei para que serve. Quando eu escrevo nunca penso em "oxítona". Ninguém que fale a língua, por ignorar o sentido de "oxítona", vai falar "cáfe", em vez de café, ou "chúle", em vez de chulé... A palavra "oxítona" não me ensina a falar melhor. É, portanto, inútil...)

Disse, numa outra crônica, que quero escola retrógrada. Retrógrado quer dizer "que vai para trás". Quero uma escola que vá mais para trás dos "programas" científica e abstratamente elaborados e impostos. Uma escola que compreenda como os saberes são gerados e nascem. Uma escola em que o saber vá nascendo das perguntas que o corpo faz. Uma escola em que o ponto de referência não seja o programa oficial a ser cumprido (inutilmente!), mas o corpo da criança que vive, admira, encanta-se, espanta-se, pergunta, enfia o dedo, prova com a boca, erra, machuca-se, brinca. Uma escola que seja iluminada pelo brilho dos inícios.

Mas, repentinamente, desfaz-se o encanto da perda da memória e nos lembramos da pergunta: "Mas, e o programa? Ele é cumprido?"

Depois eu respondo.

A ESCOLA DA PONTE (4)*

Rubem Alves

Imaginar não faz mal. Pois imagine que você é uma mãe das antigas. E sua filha vai se casar. Mãe responsável que você é, você a chama e lhe diz:

> Minha filha, você vai se casar. Desejo que seu casamento seja durável. Casamento durável depende do amor. E você nada sabe sobre as artimanhas do amor. O que você está sentindo agora não é amor; é paixão. Paixão é fogo de palha. Acaba logo. Casamento não se sustenta com fogo que acaba logo. Vou lhe ensinar o segredo do amor permanente, o fogo que não se apaga nunca. Você deve aprender o segredo do fogo que faz o coração do seu marido arder, no dia a dia. Pois bem, saiba que o caminho para o coração de um homem passa pelo estômago. O casamento

---

* Crônica publicada no jornal *Correio Popular* de Campinas (11/6/2000).

não se sustenta com o fogo da cama. Ele se sustenta com o fogo da mesa. Vou lhe dar o presente mais precioso, o *Livro de dona Benta*, centenas de receitas. Mas não só isso, vou lhe ensinar todas as receitas desse livro maravilhoso.

Ditas essas palavras, você, mãe, dá início a um programa de culinária, uma receita depois da outra, na ordem certa. Cada dia sua filha deve aprender uma receita e, uma vez por mês, você faz uma avaliação da aprendizagem. Ela deve ser capaz de repetir as receitas.

É claro que isso que eu disse é uma tonteria. Ninguém ensina a cozinhar assim. Não é possível saber todas as receitas. Por que ter de saber todas as receitas, se elas estão escritas no livro de receitas? A gente aprende uma receita quando fica com vontade de experimentar aquele prato nunca dantes experimentado. O ato de aprender acontece em resposta a um desejo. "Quero fazer, amanhã, uma 'vaca atolada'. Como é que se faz uma 'vaca atolada', se nunca fiz?" É só procurar no livro de receitas, sob o título "Vaca atolada". A gente lê e aprende porque vai fazer "vaca atolada"...

Pois os programas de aprendizagem a que nossas crianças e nossos adolescentes têm de se submeter nas escolas são iguais à aprendizagem de receitas que não vão ser feitas. Receitas aprendidas sem que se vá fazer o prato são logo esquecidas. A memória é um escorredor de macarrão. O escorredor de macarrão existe para deixar passar o que não vai ser usado: passa a água, fica o macarrão. Essa é a razão por que os estudantes esquecem logo o que são forçados a estudar. Não por falta de memória. Mas porque sua memória funciona bem: não sei para que serve; deixo passar...

Na Escola da Ponte, a aprendizagem acontece a partir de pratos que vão ser preparados e comidos. Por isso as crianças aprendem e têm prazer em aprender. Mas, e o programa? É cumprido? Pergunta tola. É o mesmo que perguntar se a jovem casadoira aprendeu todas as receitas do *Livro de dona Benta*... É claro que o *Livro de dona Benta* não é para ser aprendido. Programas não podem ser aprendidos... São logo escorridos.

Quando visitei a Escola da Ponte, o tema quente era a Descoberta do Brasil e tudo o mais que a cercava. As crianças estavam fascinadas com os feitos dos navegadores, seus antepassados, nessa aventura mais ousada que a viagem dos astronautas à Lua. Imagine agora que algumas crianças tenham ficado curiosas diante do assombro tecnológico que tornou os descobrimentos possíveis: as caravelas. Organizam-se num grupo para estudá-las. Um diretor de escola rigoroso e cumpridor dos seus deveres torceria o nariz. "O tema 'caravelas' não consta de nenhum programa nem aqui, nem em nenhum outro lugar do mundo", ele diria. E concluiria: "Não constando de nenhum programa não deve ser objeto de estudo. Perda de tempo. Não vai cair no vestibular".

Acontece que uma caravela é um objeto no qual estão entrelaçadas as mais variadas ciências. As caravelas são um laboratório de física. Parece que a caravela brasileira, construída para comemorar o descobrimento, teve de retornar ao ancoradouro, por perigo de emborcar. Um famoso vaso de guerra sueco, o Wasa, se não me engano do século XVI, virou e afundou depois de navegar por não mais que 400 metros. Retirado do fundo do mar há cerca de 25 anos, ele pode ser visto hoje num museu de Estocolmo. O que havia de errado com o Wasa e a caravela brasileira? O que havia de errado tem, em física, o nome de "centro de gravidade". O "centro de gravidade" estava no lugar errado. O tal centro de gravidade é o que explica por que o bonequinho chamado "joãoteimoso" não cai nunca! A regra é: para não emborcar, o centro de gravidade do navio deve estar abaixo da linha do mar. Essa é a razão por que os navios, frequentemente, têm necessidade de um lastro – um peso que faz com que o centro de gravidade se desloque para mais baixo. Se o centro de gravidade estiver fora do lugar, o navio vira e afunda.

Os estudantes aprendem, em física, como parte do programa abstrato que têm de aprender, uma regra chamada do "paralelogramo" – regra de composição de forças. Duas forças incidindo sobre um ponto, uma delas F1, a outra F2, cada uma numa direção diferente. Para onde se movimenta o objeto sobre o qual incidem? Nem na direção de F1, nem na direção de F2. Diz essa regra que o objeto vai se movimentar numa direção que se determina pela construção de um "paralelogramo". É o que se chama de "resultante". Os alunos aprendem a resolver o problema no papel, mas não sabem para que ele serve na vida. E o aprendido escorre pelos furos do "escorredor de macarrão"... Pois é essa regra que explica, teoricamente, o mistério de um barco que navega numa direção contrária à do vento. Se o barco estivesse à mercê do vento, ele só navegaria na direção em que o vento sopra, situação essa que tornaria a navegação impossível. Quem se aventuraria a navegar num barco que só navega na direção do vento e não na direção que se deseja? Mas os navegadores descobriram que, com o auxílio de uma outra força, de direção distinta da direção do vento, é possível fazer com que o barco navegue na direção que se deseja. E é essa a função do leme. O leme, pela resistência da água, cria uma outra força que, colocada no ângulo adequado, produz a direção de navegação desejada. Os alunos aprenderiam melhor se, em vez de gráficos geométricos, eles fossem instruídos na arte da navegação. Da física passamos à história, a influência de Veneza, dominadora do Mediterrâneo com seus barcos, sobre a tecnologia lusitana de construção de caravelas. Da história para a astronomia, a ciência da orientação pelas estrelas. O astrolábio. A bússola. Daí, para esses assombros simbólicos chamados mapas – que só fazem sentido para o navegador se ele conhecer a arte de se orientar, a direção do norte, mesmo quando nada pode ser visto, a não ser o oceano que o cerca por todos os lados. (Olhando para a Lua, de noite, você é capaz de dizer a direção do Sol?) Dos mapas para a literatura, a "Carta de Pero Vaz de Caminha", a poesia de Camões, a poesia de Fernando Pessoa:

> Ó mar salgado, quanto do seu sal são lágrimas de Portugal! Por te cruzarmos quantas mães choraram, quantos filhos em vão rezaram! Quantas noivas ficaram por casar para que fosses nosso, ó mar! Valeu a pena? Tudo vale a pena se a alma não é pequena. Quem quer passar além do Bojador tem de passar além da dor. Deus ao mar o perigo e o abismo deu, mas nele é que espelhou o céu.

Aceitemos um fato simples: um programa cumprido, dado pelo professor do princípio ao fim, é só cumprido formalmente. Programa cumprido não é programa aprendido – mesmo que os alunos tenham passado nos exames. Os exames são feitos enquanto a água ainda não acabou de se escoar pelo escorredor de macarrão. Esse é o destino de toda ciência que não é aprendida a partir da experiência: o esquecimento.

Quanto à ciência que se aprende a partir da vida, ela não é esquecida nunca. A vida é o único programa que merece ser seguido.

Quem navegaria num barco que só fosse na direção do vento e não na que se deseja?

Quanto à ciência que se aprende a partir da vida, ela não é esquecida nunca.

A ESCOLA DA PONTE (5)*

Rubem Alves

Imagino que você, que procura minhas crônicas aos domingos, deve estar cansado. Pois este é o quinto domingo em que falo sobre a mesma coisa. Pessoas que falam sempre sobre as mesmas coisas são chatas. Além do que essa insistência em uma coisa só é contrária ao estilo de crônicas. Crônicas, para serem gostosas, devem refletir a imensa variedade da vida. Um cronista é um fotógrafo. Ele fotografa com palavras. Crônicas são dádivas aos olhos. Ele deseja que os leitores vejam a mesma coisa que ele viu. Se normalmente não sou chato, deve haver alguma razão para essa insistência em fotografar uma mesma coisa. Quem fotografa um mesmo objeto repetidas vezes deve estar apaixonado. Comporta-se como os fotógrafos de modelos, clic, clic, clic, clic, clic...: dezenas, centenas de fotos, cada uma numa pose diferente! Um dos meus

---

* Crônica publicada no jornal *Correio Popular* de Campinas (18/6/2000).

pintores favoritos é Monet. Pois ele fez essa coisa insólita: pintou um monte de feno muitas vezes. E o curioso é que ele nem mudou de lugar, não procurou ângulos diferentes. Ficou assentado no seu banquinho, cavalete no mesmo lugar, e foi pintando, pintando. Porque, na verdade, o que ele estava pintando não era o monte de feno, uma coisa banal, de gosto bovino. O que ele estava pintando era a luz. Ele só usou o monte de feno como espelho onde a luz aparecia refletida, não como uma coisa fixa, mas como uma coisa móvel. A série de telas do monte de feno bem que poderia chamar-se "*Strip-tease* da luz": devagar, bem devagar, ela vai se desnudando...

Pois estou fazendo com as minhas crônicas o que Monet fez: ele, diante do monte de feno; eu, diante de uma pequena escola por que me apaixonei – pois ela é a escola com que sempre sonhei sem ter sido capaz de desenhar.

Nunca fui professor primário. Fui professor universitário. O Vinícius, descrevendo a bicharada saindo da Arca de Noé, disse: "Os fortes vão na frente tendo a cabeça erguida e os fracos, humildemente, vão atrás, como na vida..." Pois é exatamente assim que acontece na *Arca de Noé* dos professores: os professores universitários vão na frente tendo a cabeça erguida, e os primários, humildemente, vão atrás, como na vida... Professor universitário é doutor, cientista, pesquisador, publica em revistas internacionais artigos em inglês sobre coisas complicadas que ninguém mais sabe e são procurados como assessores de governo e de empresas. Professor primário é professor de 3ª classe, não precisa nem ter mestrado nem falar inglês, dá aulas para crianças sobre coisas corriqueiras que todo mundo sabe. Crianças – essas coisinhas insignificantes, que ainda não são... Haverá atividade mais obscura?

Professores universitários gostam das luzes do palco. Professores primários vivem na sombra...

Quando entrei na universidade para ser professor senti-me muito importante. Com o passar do tempo fui sendo invadido por uma grande desilusão – tédio –, um cansaço diante da farsa. Partilhei da desilusão dos alunos que se sentiram muito importantes quando passaram no vestibular e até ficaram felizes quando os veteranos lhes rasparam o cabelo. Cabelo raspado é distintivo: "Passei! Passei!" Não levou muito tempo para que descobrissem que a universidade nada tinha a ver com os seus sonhos. E essa é a razão por que fazem tanta festa e foguetório quando tiram o diploma. Fim do sofrimento sem sentido.

A velhice me abriu os olhos. Quando se chega no topo, quando não há mais degraus para subir, a gente começa a ver com uma clareza que não tinha antes. "Tenho a lucidez de quem está para morrer", dizia Fernando Pessoa na "Tabacaria". Fiquei lúcido! E o que vi com clareza foi o mesmo que viu Joseph Knecht, o personagem central do livro de Hesse *O jogo das contas de vidro*: depois de chegar no topo, percebeu o equívoco. E surgiu, então, o seu grande desejo: ensinar uma criança, uma única criança que ainda não tivesse sido deformada (essa é a palavra usada por Hesse) pela escola.

Também eu: quero voltar para as crianças. A razão? Por elas mesmas. É bom estar com elas. Crianças têm um olhar encantado. Visitando uma reserva florestal no estado do Espírito Santo, a bióloga encarregada do programa de educação ambiental me disse que é fácil lidar com as crianças. Os olhos delas se encantam com tudo: as formas das sementes, as plantas, as flores, os bichos. Tudo, para elas, é motivo de assombro. E acrescentou: "Com os adolescentes é diferente. Eles não têm olhos para as coisas. Eles só têm olhos para eles mesmos..." Eu já tinha percebido isso. Os adolescentes já aprenderam a triste lição que se ensina diariamente nas escolas: Aprender é chato. O mundo é chato. Os professores são chatos. Aprender, só sob ameaça de não passar no vestibular.

Por isso quero ensinar as crianças. Elas ainda têm olhos encantados. Seus olhos são dotados daquela qualidade que, para os gregos, era o início do pensamento: a capacidade de se assombrar diante do banal. Tudo é espantoso: um ovo, uma minhoca, um ninho de guaxo, uma concha de caramujo, o voo dos urubus, o zunir das cigarras, o coaxar dos sapos, os pulos dos gafanhotos, uma pipa no céu, um pião na terra. Dessas coisas, invisíveis aos eruditos olhos dos professores universitários (eles não podem ver, coitados; a especialização tornou-os cegos como toupeiras, só veem dentro do espaço escuro de suas tocas – e como veem bem!), nasce o espanto diante da vida; desse espanto, a curiosidade; da curiosidade, a fuçação (essa palavra não está no *Aurélio*!) chamada pesquisa; dessa fuçação, o conhecimento; e do conhecimento, a alegria!

Pensamos que as coisas a serem aprendidas são aquelas que constam dos programas. Essa é a razão por que os professores devem preparar seus planos de aula. Mas as coisas mais importantes não são ensinadas por meio de aulas bem preparadas. Elas são ensinadas inconscientemente. Bom seria que os educadores lessem ruminativamente (também não se encontra no *Aurélio*) o Roland Barthes. Ele descreveu o seu ideal de aula como sendo a criação de um espaço – isso mesmo! Um espaço! – parecido com aquele que existe quando uma criança brinca ao redor da mãe. Explico. A criança pega um botão, leva para a mãe. A mãe ri, e faz um corrupio (você sabe o que é um corrupio?). Pega um pedaço de barbante. Leva para a mãe. A mãe ri e lhe ensina a fazer nós. Ele conclui que o importante não é nem o botão nem o barbante, mas esse espaço lúdico que se ensina sem que se fale sobre ele.

Na Escola da Ponte o mais importante que se ensina é esse espaço. Nas nossas escolas: salas separadas – o que se ensina é que a vida é cheia de espaços estanques; turmas separadas e hierarquizadas – o que se ensina é que a vida é feita de grupos sociais separados, uns em cima dos outros. Consequência prática: a competição entre as turmas, competição que chega à violência (os trotes!). Saberes ministrados em tempos definidos, um após o outro: o que se ensina é que os saberes são compartimentos estanques (e depois reclamam que os alunos não conseguem integrar o conhecimento. Apelam então para a "transdisciplinaridade", para corrigir o estrago feito. O que me faz lembrar um filme de O Gordo e o Magro. Ainda falo sobre o tal filme, *Queijo suíço*...). Ah! Uma vez cometido o erro arquitetônico, o espírito da escola já está determinado! Mas nem arquitetos nem técnicos da educação sabem disso...

Escola da Ponte: um único espaço, partilhado por todos, sem separação por turmas, sem campainhas anunciando o fim de uma disciplina e o início de outra. A lição social: todos partilhamos de um mesmo mundo. Pequenos e grandes são companheiros numa mesma aventura. Todos se ajudam. Não há competição. Há cooperação. Ao ritmo da vida: os saberes da vida não seguem programas. É preciso ouvir os "miúdos", para saber o que eles sentem e pensam. É preciso ouvir os "graúdos", para saber o que eles sentem e pensam. São as crianças que estabelecem as regras da convivência: a necessidade do silêncio, do trabalho não perturbado, de se ouvir música enquanto trabalham. São as crianças que estabelecem os mecanismos para lidar com aqueles que se recusam a obedecer às regras. Pois o espaço da escola tem de ser como o espaço do jogo: o jogo, para ser divertido e fazer sentido, tem de ter regras. Já imaginaram um jogo de vôlei em que cada jogador pode fazer o que quiser? A vida social depende de que cada um abra mão da sua vontade, naquilo em que ela se choca com a vontade coletiva. E assim vão as crianças aprendendo as regras da convivência democrática, sem que elas constem de um programa...

Minha cabeça está coçando com o sonho de fazer uma escola parecida... Você matricularia seu filho numa escola assim? Só que antes tenho de resolver um problema: como é que o guaxo coloca o primeiro graveto para construir o seu ninho?

O ESSENCIAL NÃO CABE NAS PALAVRAS

Escola da Ponte

> *Entre a multidão há homens que não se destacam, mas são portadores de prodigiosas mensagens. Nem eles próprios o sabem.*
>
> Antoine de Saint-Exupéry

Schubert deixou a sua sexta sinfonia a meio caminho dos quatro canônicos andamentos. Chamaram-na "incompleta", como se nela não morassem os sons mágicos que conferiram a todas as suas obras a grandiosidade das coisas simples. O nosso amigo Rubem Alves também transmutou uma visita incompleta à nossa escola em seis perfeitos apontamentos escritos, o que converte a intenção de os comentar numa difícil tarefa, dada a grande probabilidade de sermos insignificantemente redundantes.

Talvez por influência de um cotidiano feito de solidariedade, talvez porque a multiplicidade das interpretações suscite um canto a várias vozes, este texto não poderia deixar de ser coletivo. Se houve quem escrevesse uma folhinha, outros colaboraram com algumas linhas, um olhar, um sorriso de acordo, um silêncio. E, porque o todo é um só, o registro surge encadeado e na primeira pessoa...

Quando me foi proposto escrever algo sobre o que Rubem Alves tinha publicado no Brasil a propósito da Escola da Ponte, concordei, pois achei que tudo o que eu tinha lido era tão transparente e óbvio que, estando aqui há sete anos vivendo tudo isso, seria fácil fazê-lo. Como estava enganada! Fui adiando, adiando, sem saber muito bem por onde começar.

E num desses dias em que o compromisso se fazia cada vez mais sentir, dei comigo recordando a vinda do Rubem à escola; como tantas outras visitas que nos procuram, ele foi recebido exatamente da mesma maneira, ou seja, os nossos alunos, guias-mestres que contam como é o seu dia a dia na escola, acompanharam-no durante parte da manhã. Eu estava sentada a uma mesa com um grupo de alunos.

Quando o Rubem entrou, cumprimentei-o e voltei à tarefa que me absorvia. Não fosse algo que eu não sabia bem o quê, mas que me atraía naquela pessoa, e ele seria mais um visitante como muitos outros que pela nossa escola passam. Bastante mais tarde, quando li suas crônicas sobre a Ponte, meu primeiro pensamento foi: "Eu sabia!" O Rubem não tinha sido, definitivamente, apenas um visitante.

Então, o que dizer sobre tudo o que gentilmente escreveu sobre nós? É muito difícil, pois minhas palavras tornaram-se ainda menores diante da beleza e da grandiosidade dessas crônicas. Pensei então em trazer aqui algumas reflexões que de um tempo para cá venho registrando, e que o Rubem tão bem e em tão escasso tempo "apanhou".

Como é viver (no pleno sentido da palavra), respirando por todos os poros e sentimentos, numa escola com cerca de 120 pessoas, onde alunos, funcionários e professores se conhecem pelo nome, como se se tratasse de uma família? E como se vai construindo esse ambiente de compreensão, respeito, colaboração e solidariedade?

Envolvidos que estamos, neste momento sabemos que jamais poderia ser de outra maneira. O fascínio e o desafio de explorar e partilhar os nossos bens mais ricos e pessoais – a alegria na descoberta, os conhecimentos que possuímos ou os momentos de aprendizagem que proporcionamos – fazem-nos crescer como educadores mas essencialmente como pessoas, e sentir que apesar de termos tido um percurso profissional anterior interessante, este, na Ponte, é efetivamente único, pois é aquele que nos transformou e vai transformando em pessoas completamente diferentes daquelas que um dia aqui entramos.

E espantoso foi como Rubem Alves, psicanalista atento, *que acredita que no mais profundo do inconsciente mora a beleza*, entendeu que a essência que respiramos diariamente nesta escola é construída no respeito e interajuda aluno-aluno, aluno-professor, professor-aluno, professor-professor; respeito por todos os saberes, valores e atitudes, de todos, igualmente.

Não residirá aqui a nossa mais-valia? A tal beleza em que Rubem acredita? Eu também acredito, porque diariamente procuramos dar continuidade ao tal *tempo em que a infância continue a brincar*.

Mas que tela conseguiria retratar melhor a Escola da Ponte que as palavras de Rubem Alves? Depois de me deliciar com a leitura, questiono-me sobre como é possível haver uma pessoa com os sentidos tão apurados para, em tão pouco tempo, ser capaz de retratar a nossa escola ao pormenor.

Fico deveras feliz por fazer parte desta equipe que luta e se esforça a todo momento para que o "espaço criado" não acabe com o encanto, a criatividade, a curiosidade, a solidariedade, a amizade, o sonho, o brilho nos olhos dos nossos meninos, e para que o conhecimento que vão adquirindo não desapareça através dos buracos do "escorredor de macarrão". O objetivo principal da Escola da Ponte é mesmo fazer com que cada criança se sinta o pássaro encantado, com lindas e coloridas penas e de chilrear alegre e afinado. Por essa razão, não há maior recompensa para cada elemento desta comunidade educativa do que sentir que o "espaço mágico" criado por todos aqueles que a compõem seja descrito, tão efusiva e entusiasticamente, por alguém que habita a mesma comunidade... do lado de fora.

Sou professora e mãe. A minha filha frequentou a Escola da Ponte. O que ela aprendeu e aquilo que ela transporta ao longo da vida só ela mesma saberá explicar. Como mãe ignorante, senti uma imensa curiosidade de compreender a escola. Como professora, quis vir para cá. E já se passaram sete anos.

Dentro de uma mesma escola há diferentes interesses, diferentes olhares sobre as coisas. A minha filha aprendeu a ter respeito por ela própria e pelos outros. Aprendeu a ser feliz e a fazer os outros felizes. Aprendeu a liberdade respeitando a liberdade dos outros.

Pedi à minha filha – hoje, com 14 anos – que me dissesse uma frase que definisse a nossa escola. Ela respondeu: "Será melhor eu dizer tudo em duas quadras populares":

Quando eu era pequenina,
Acabada de nascer,
Ainda mal abria os olhos,
Já era para Te ver.

Quando eu já for velhinha,
Acabada de morrer,
Olha bem para os meus olhos,
Sem vida, Te hão-de ver.

E completou: "Escreve isso, mãe. Define a *nossa* escola".

Li e reli as crônicas que Rubem Alves dedicou à Escola da Ponte. E decidi dar uma resposta à pergunta que ele faz: "Você matricularia seu filho numa escola assim?"

Matriculei e voltarei a matricular. Como professora e mãe, quero o melhor para os meus filhos, quero que aprendam e que tenham prazer no aprender. Quero para eles uma escola

> (...) que compreenda como os saberes são gerados e nascem. Uma escola em que o saber vá nascendo das perguntas que o corpo faz. Uma escola em que o ponto de referência não seja o programa oficial a ser cumprido (inutilmente), mas o corpo da criança que vive, admira, encanta-se, espanta-se, pergunta, enfia o dedo, prova com a boca, erra, machuca-se, brinca. Uma escola que seja iluminada pelo brilho dos inícios.

Quero que os meus filhos aprendam a ser cidadãos democráticos, solidários e autônomos. Não os quero obrigar a serem iguais a todos e não quero negar-lhes a possibilidade de existirem como pessoas livres e conscientes. Na Escola da Ponte, as crianças conseguem entender o mundo e realizam-se como pessoas.

Rubem Alves conviveu um dia (apenas um dia!) com esta realidade e conseguiu entender o que "gente de boa memória jamais entenderá". Às vezes, as pessoas que nos visitam estão tão preocupadas com os conteúdos, que se esquecem de que há ali pessoas. Mas o Rubem fez um retrato completo e fiel do modo como vivemos a nossa escolinha. É preciso ser-se dotado de grande sensibilidade. Fiquei feliz pelo fato de o Rubem ter-se encantado com ela. Mas, ao ler esses textos, preocupa-me a grande responsabilidade que eles nos devolvem.

Este trabalho requer uma entrega muito grande. Requer tempo para descobrir, para ir ao fundo das coisas, para nos arreliarmos, porque nós, às vezes, também nos arreliamos... Num projeto como este, a pessoa não tem aquela frieza, aquela solidão, a pessoa faz tudo com mais gosto, é mais ela e dá muito mais de si, claro. E é por isso que me sinto em família, completamente. Nas outras escolas (por onde passei) cada um está na sua sala, cada um tem os seus meninos, no seu cantinho, e todo o resto não é nada. Tudo é compartimentado: há a porta, há a parede, há a chave... Aqui, não. O nosso sentir é o mesmo e é o melhor para as crianças.

Fiquei admirada com a admiração de um professor catedrático pela simplicidade desta escola, com a rendição de um psicanalista a esta "nova" forma de aprender. Se, para o Rubem, esta é a escola dos sonhos, também o é para mim e para qualquer professora. Quando vim para cá, pensava em vir ensinar. Mas fui eu que aprendi e continuo a aprender. O que mais me impressionou nesta escola foi o valor que se dá à criança. Escutam-se suas opiniões e propostas; aceita-se a diferença. Aqui, o professor é o amigo a quem se pode recorrer sem receio, quando se tem uma dúvida, quando se quer desabafar, ou contar um segredo. Razão tinha a Constança quando disse para a mãe: "Oh, mãe, a minha escola não é bem uma escola, é assim como uma família!"

Hoje, vivemos (diz-se) numa sociedade democrática onde se defendem (diz-se) valores democráticos. Fala-se em liberdade, solidariedade, igualdade, fraternidade, verdade... No entanto, a capacidade de pensar, imaginar, inovar, expressar é constantemente inibida, agredida, recalcada. Podemos dizer que muitas crianças são inibidas de pensar o que lhes "apetece". Quanto mais pensamentos "atrevidos" tiverem, mais ferozmente serão censuradas. Muitas crianças são coagidas a pensar o que é "normal pensar-se", são coagidas a produzir o que é "normal produzir-se".

É frequente deparar com situações de ensaios para "festas" em que as crianças acabam apenas por "emprestar" seu corpo para as representações, representando mais com medo que com prazer, pois os educadores e os pais "terão de gostar". Tudo é feito contra a espontaneidade e a criatividade das crianças, que se limitam a cumprir as ordens de quem organiza a festa ou o teatro e de quem faz os fatos, constrói os adereços e os cenários. Essas festas repetem-se todos os anos e sempre com as mesmas características: no Natal, no Carnaval, no Dia Mundial da Criança, no Final do Ano... Repetem-se todos os dias, como se a escola fosse um palco cheio de personagens. O professor encena, dirige, organiza. Os alunos representam. Os pais agem como espectadores mais ou menos atentos.

Mas a ponte é uma passagem e a escola é uma ponte. A Escola da Ponte é uma escola, é uma passagem e uma ponte... Rubem Alves bem o sentiu. E fala da sua passagem por esta escola como se sempre aqui estivesse.

É um espaço que se sente como nosso. E dele só se pode falar com paixão. Rubem Alves viu com os olhos e sentiu com o coração uma escola, a escola com que sempre sonhou, uma luz no fim do túnel.

A Escola da Ponte é um espaço onde se vive o que se aprende e se aprende o que se vive. É tão simples, não é?

A ESCOLA DA PONTE: BEM-ME-QUER, MALMEQUER...

Pedro Barbas Albuquerque[*]

Quando me foi feito o convite para escrever sobre a Escola da Ponte deparei com vários conflitos que só ao iniciar este texto consegui, em parte, superar. Como refere Rubem Alves, "eu sou muitos". Essa multiplicidade permitiu que fossem diversos os caminhos do texto. Um desses "eu(s)" pedia-me, sem grande insistência, que escrevesse sobre a escola sob o olhar de uma ciência da educação; outro pedia-me que não o fizesse. Ganhou este último.

Decidi então refletir sobre algumas histórias, sobre algumas ideias, sobre algumas escolas, olhando a Escola da Ponte. Essas reflexões foram ajudadas pelo recurso a um conjunto de fontes que

---

[*] Professor auxiliar do Departamento de Psicologia do Instituto de Educação e Psicologia da Universidade do Minho. Consultor do Centro de Formação Camilo Castelo Branco (Vila Nova de Famalicão).

entendo por bem clarificar. Recorri aos textos que Rubem Alves escreveu sobre a Escola da Ponte, porque eles, para além do motivo deste livro, são um incentivo à escola e a quem nela vive. Recorri às minhas memórias para eleger histórias que, de forma mais direta ou mais velada, me ajudam a pensar uma escola diferente. São histórias que vivi na minha infância, as que os meus filhos estão vivendo na sua infância e também outras histórias que outros, timidamente, contaram-me sobre si. Recorri também aos direitos dos meninos da Escola da Ponte e ao que percebi, nas poucas visitas que ali fiz. Não é preciso ir a um lugar muitas vezes para amá-lo. Não é preciso olhar duas vezes para criar uma impressão. E, finalmente, recorri também a outros autores, daqueles que não escrevem livros científicos, mas romances, ficção, poesia, porque – mesmo sem saber – eles escrevem, a quem pensa a educação, frases que são incentivos e dedicatórias.

Estas ideias que quero expressar têm o formato de um diário. Um diário do futuro, porque acredito que na Escola da Ponte, como em todas as outras escolas, escreve-se o futuro. Só que na Escola da Ponte o futuro não é o escolar ou acadêmico, mas o futuro autobiográfico daquelas crianças que por lá deixam sua marca. Uma marca que faz com que o projeto da Escola da Ponte continue, e com continuidade. O mês que escolhi para este diário foi o de fevereiro. Para algumas crianças que vivem algumas escolas, para alguns professores e alguns colegas, talvez o melhor mês do ano. O menor mês do ano...

Quinta-feira, 1º de fevereiro
Uma ideia sobre a Escola da Ponte.

A Escola da Ponte, para quem já ouviu falar dela ou a visitou, não é um lugar qualquer. É um lugar de encontro. De encontro de pessoas com uma ideia de educação bem diferente da ideia que muitos têm para a educação das crianças. Não surpreende por isso que as crianças dessa escola reclamem alguns direitos, mas cumpram vários deveres. Por exemplo, reclamam o direito de ter bons professores e assumem o dever de poupar água. Só se poupa o que faz falta, por ser escasso, ou muito precioso. Na Escola da Ponte, só não se poupam os professores, pois não são escassos, nem suficientemente preciosos. Não são sentidos como escassos, nem se sentem demasiadamente preciosos. Nessa escola, cada criança tem muitos professores.

O direito de ter bons professores. Que sentido podemos dar a esse direito? Um sentido feito de partilha, de aconchego e alguma orientação. O que de fato surpreende é que nem sempre consigamos atribuir essa noção de professor a um adulto que, diante de um grupo mais ou menos grande de crianças, sempre acaba por mostrar dificuldade em aplicar aqueles três predicados – partilha, aconchego e orientação.

Há escolas que são diferentes. Também a Escola da Ponte o é.

Sexta-feira, 2 de fevereiro
Novas tecnologias na escola.

Na Escola da Ponte, as crianças manifestam o direito de ir aos computadores. Essa ideia dos computadores na escola tem-me despertado algumas reflexões. Ainda que os professores abracem essa vontade de pedir ajuda ao computador para a sua prática pedagógica diária – ou ainda que embarquem nessa vontade –, continuamos a verificar que, quanto à relação que estabelecem com os computadores, eles podem ser divididos em três montinhos: os que complicam (os sábios), os que aplicam (os práticos) e os que implicam (os renitentes). Como se constata, os professores são seres humanos e os computadores podem ser metáfora de todo o resto.

O computador abre portas sobre portas para um outro mundo que não se esgota. Navegar é necessário, embora achemos que não é lá muito preciso. Sobretudo porque navegar na Internet é como escrever sem destino. E o é por quatro razões. Porque, tal como na escrita, há quem goste, quem odeie e quem simplesmente a entenda como uma função (sem grande função). Tal como na escrita, a navegação é feita em silêncio, um silêncio que estrutura, que organiza, e que dirige a atenção para nós próprios. Na navegação através da Internet sabemos onde começamos, mas não sabemos onde a rede vai acabar por nos apanhar. As palavras, quando escritas com a alma, também não assumem roteiros. E, finalmente, porque podemos refazer sempre os nossos percursos (na Internet, na escrita e na vida). Podemos, se estivermos cientes de que o drama de quem escreve não é o que escreve, mas o que apaga. Quem o disse foi José Cardoso Pires. Não o escreveu, disse-o. Por esse simples fato não teve que refazer essa ideia. E ela permanecerá.

Na Escola da Ponte as crianças manifestam o direito de ir aos computadores. Procurar a vida. Ou mais da vida.

Sábado, 3 de fevereiro
Dia feliz, mesmo sem escola.

Diz-se frequentemente que a escola é o espelho da sociedade. Será? Talvez o reflexo seja inverso. A sociedade é que é o reflexo da escola. Ou melhor, a escola é apenas espelho, não chega a ser reflexo!

Domingo, 4 de fevereiro
Dia feliz. A escola recomeça amanhã.

Como diz o avô Celestiano, de Mia Couto: "Lançamos o barco, sonhamos a viagem: quem viaja é sempre o mar". Há escolas em que a viagem é mesmo sonhada.

Segunda-feira, 5 de fevereiro
Os tempos livres.

As crianças têm cada vez mais tempos livres e menos tempo de lazer. Têm apenas o tempo que sobra depois de terem feito todas as tarefas que a escola, os pais ou outros lhes destinaram. Falta tempo de lazer, um tempo em que necessariamente sempre acabamos por crescer. Um tempo que diminui à medida que crescemos.

Temos ouvido nos últimos tempos que a escola é um local de trabalho. Um local inserido numa lógica segundo a qual a responsabilização dos alunos passa pela compreensão de que na escola se trabalha. É a organização científica do trabalho na escola, ou as linhas de montagem, como refere Rubem Alves.

A lógica da Escola da Ponte é também a do trabalho. Mas não a do trabalho que se opõe ao lazer. Uma lógica segundo a qual o lazer também pode ser aprender. Na Escola da Ponte até distraidamente se aprende. Quando o olhar se fixa no teto, lá está uma folha com a palavra "teto".

Terça-feira, 6 de fevereiro
Salas cheias de meninos.

Há frases que depressa se transformam em *slogans*: "As escolas e as salas de aula têm alunos a mais". A Escola da Ponte tem muitos alunos, mas nunca ouvi dizer que os tem a mais. E as salas de aula são imensas. Pelo simples fato, como refere José Pacheco, de o critério de formação dos grupos de alunos ser o afetivo e este não ter idade.

"Era uma vez uma mãe que tinha 25 filhos. Os filhos eram tantos que a mãe nunca chegou a dar beijos em alguns deles. Cansava-se muito cedo... O mais velho, com 15 anos, ainda não tinha recebido um só beijo da mãe quando começou a trabalhar."

O que fará pensar que o número exagerado de alunos não permite consolidar vínculos afetivos e humanos do professor com os seus alunos? É que as salas de aula são, habitualmente, lugares de ensino em grupo. Não são lugares de relação pessoalizada num espaço em que convivem várias pessoas. Essa tendência para agrupar, categorizar, tipificar é uma traição à relação pessoal. É certo que nem todos os alunos estão dispostos a criar laços. Mas que o número de alunos não impeça uma relação adequada de cada professor com cada aluno. Números elevados são razão suficiente para vários atropelos. A História também nos mostrou isso. Mas, quantos de nós, noutros contextos, gostam de ser tratados como um número? Mais um número... o número que se segue?

Quarta-feira, 7 de fevereiro
O meu centro na escola.

As salas de aula são normalmente tratadas como "a minha sala". Tanto por alunos, como por professores. Esse sentimento de posse é legítimo. Se não for uma posse egoísta.

Um dia, numa das recolhas de fim de tarde de um dos meus filhos, naquela altura com quatro anos, ele recordou que naquele ano eu ainda não tinha ido ao seu dormitório. Entre o olhar para o relógio e a sua mensagem, subi as escadas à pressa e entrei num grande quarto com 20 pequenas camas, todas aparentemente iguais. Perguntei ao Francisco: "Qual é a tua cama?" "É esta", disse-me ele. Para o desafiar, perguntei-lhe: "Como é que sabes que é esta?" "Porque é cama em que durmo!" "Mas são todas iguais", disse-lhe eu. "Não são, não; é só na minha que tenho sono." Os seus olhos mostraram-me confronto, compaixão e certeza. Aprendi muito nesse dia. Confronto, compaixão e certeza são tónicos de aprendizagem. Há escolas que os intencionalizam.

As escolas têm demasiados cantos. Os cantos podem ser becos sem saída. Os centros não, desde que não sejam concêntricos e exerçam forças centrípetas.

Quinta-feira, 8 de fevereiro
Educação para a cidadania.

O projeto educativo que mais se lê é o da educação para a cidadania. O projeto educativo que mais se pensa também deve ser. O resultado de um tal projeto – o objeto – é que não se vê. Não há projetos de roteiro imposto.

A educação não é asséptica. Uma educação de pinças e bisturi, máscara e luvas, de livro de estante catalogado e empoeirado e de laboratório fechado e bolorento não se enquadra no que hoje pode ser a escola. Se incutimos valores – de democracia, participação, cidadania – que não são vividos na escola, de que servem? O projeto educativo das escolas é também uma forma de mostrar aos alunos como a escola se posiciona diante da vida. Para isso tem que haver vida nas escolas.

A Escola da Ponte não tem um projeto educativo de educação para a cidadania. Vive-o. De múltiplas formas. Com a "assembleia de alunos", com o "acho bom" e "acho mau", com a "comissão de ajuda", com a sua vida educativa diária. Educar é viver.

Sexta-feira, 9 de fevereiro
Há música na sala de aula.

Na Escola da Ponte, os alunos têm direito a ouvir música dentro das salas, para os ajudar a trabalhar em silêncio. É um direito. Sem mais. Os efeitos da música sobre a aprendizagem são conhecidos e estão documentados (até em revistas científicas, imagine-se!). O que mais surpreende é que o jazz também seja objeto de investigação científica. Há pouco tempo soube de um estudo em que se analisava o efeito que vários tipos de música produziam sobre o que meninos de nove anos escreviam. É certo que a música clássica promovia uma maior quantidade de palavras escritas, mas era claro que o jazz ajudava a dar uma maior consistência ao discurso produzido.

A música pode mesmo ajudar a trabalhar em silêncio. Na Escola da Ponte, há algum tempo que se descobriu isso. Não se faz música a solo, e muito menos *a capella*.

Sábado, 10 de fevereiro
Festa de anos.

Os trabalhos de casa ficam para amanhã. O futuro é sempre um bom dia para fazer os TPC.

Domingo, 11 de fevereiro
Dia de missa.

Como diz o avô Celestiano, de Mia Couto: "Deus é assunto delicado de pensar, faz de conta um ovo: se o apertarmos com força parte-se, se não segurarmos ele cai". E são tantas as palavras que podem substituir Deus nessa frase...

Segunda-feira, 12 de fevereiro
Poesia na escola.

Mas será que as escolas precisam de poesia? Um professor mais operatório concreto dirá que a poesia não interessa, pois até nem há uma disciplina de poesia... Inclusive nos "programas" de português a poesia nem assume um papel relevante. Por quê? Arte menor, dirão alguns. Menos partilhável, dirão outros. Sem grande espaço nas didáticas que se ensinam nas escolas superiores. Logo, sem um roteiro de ensino.

Que espaço ocupa a poesia nas nossas escolas? Pouco! E quando os professores lhe dão algum espaço – quantos se sentem preparados para a tratar? É por isso que na Escola da Ponte os professores, não raras vezes, vão à procura de saberes que são necessários para os meninos da escola. Ninguém consegue ensinar aquilo de que não gosta, ou então aquilo que não sabe ou não percebe. Entendo, contudo, que há muitos que trocam, nessa afirmação, "ensinar" por "falar". Falam do que não sabem, não gostam, ou não percebem. Deve ser esta a verdadeira noção de falsete.

Terça-feira, 13 de fevereiro
Uma oficina na escola.

As escolas não foram pensadas para ter uma função. Foram pensadas para ter várias, dirão. As escolas deveriam ser um espaço onde poderíamos errar de forma amparada. Seriam assim contextos amigáveis de aprendizagem.

Quando nos ensinaram a andar, não foi apenas para corrermos, trôpega e desequilibradamente, para os braços seguros de quem nos acolhia. Foi com a certeza de que esses passos eram um processo que mais tarde nos faria dar passos fortes e decididos em direção ao que quiséssemos. Os processos que se intencionalizam na escola são mais uma pena, a juntar a outras que podem fazer um menino voar. Ou, pelo menos, desejá-lo.

Quarta-feira, 14 de fevereiro
Educação sexual nas escolas.

Li, há algum tempo, que a educação sexual não iria ser uma disciplina. E por que haveria de ser? Mas que outras educações partilham os professores com os alunos, e necessariamente os alunos com os professores, sem que haja uma disciplina que as enquadre? Uma disciplina de educação sexual poderia ser mais um apelo ao caráter técnico e disciplinar das questões e respostas da educação sexual? Será por isso um analisador, um conceito que perfurará todas as disciplinas.

Num texto de Rubem Alves intitulado "Nabos crus e professores", há uma alusão ao fato de os alunos não deverem ser obrigados a ler textos que não entendem. Os professores também não deveriam ser obrigados a falar sobre temas que não acham seus. Essa é uma ideia polêmica. Mas se acreditamos que nem tudo se aprende – por que haveremos de entender que tudo se ensina? Como é que a escola há de ensinar educação sexual se ela nunca acariciou ninguém? Quando a escola for capaz de falar ao ouvido dos seus alunos e lhes disser palavras bonitas, então terá ganho o campo em que muitos temas poderão ser debatidos – sem disciplinas. É por isso que acredito em escolas onde as crianças têm direito a ser ouvidas.

Quinta-feira, 15 de fevereiro
Acidente na escola.

A professora quebrou um braço. Segundo Francisco, de cinco anos, ela caiu com muita força no chão e o braço quebrou. Após essa descrição breve do sucedido, Francisco referiu, pesaroso, que a professora já não podia fazer algumas coisas. Nós lhe perguntamos, então, o que ela estava impedida de fazer. Sua resposta foi pronta e elucidativa. "Já só pode pegar no Samuel ao colo com um braço e agora já só pode gritar."

Percebemos que os braços da professora servem para pegar ao colo um menino da escola do Francisco que, por razões diversas, foi eleito como "mais leve" do que os outros. Percebemos também que há braços de professores que, quando presos, lhes amplificam a voz. O Francisco percebeu que um braço quebrado aumenta consideravelmente o ruído da sala. Uma sala de meninos de cinco anos.

Sexta-feira, 16 de fevereiro
A disciplina na sala de aula.

Só por razões meramente pedagógicas e simplistas a organização do conhecimento pode ser tomada como um conjunto de disciplinas e matérias. A valorização de todas as disciplinas, mesmo as que teimosamente insistimos em tratar por siglas (como a EVT), e o cruzamento de didáticas poderão ser mais um meio de desenvolvimento cognitivo-educativo dos alunos. Aproveitá-lo e intencionalizá-lo é uma arte. A formação dos nossos alunos deve ser tanto quanto possível conjuntiva (e não disjuntiva), do mesmo modo que um pedal serve muito pouco se quisermos perceber a dinâmica intencional, mas adversa, que dois pedais imprimem ao movimento de uma bicicleta.

Sábado, 17 de fevereiro
Sol.

    Mais um sábado para brincar. Está Sol. Ainda não é Sol.

Domingo, 18 de fevereiro
Chuva.

    É inverno.

Segunda-feira, 19 de fevereiro
A diferença.

    Enquanto Francisco jogava no computador, Tomás, irmão mais velho, acompanhava o seu desempenho quando, de repente, fui surpreendido com uma frase seca dita pelo último: "Ó Francisco, pareces deficiente!" Francisco manteve-se impávido. Fiquei mais concentrado no que ouvia do que naquilo que tinha começado a ler. Mas nem uma resposta, nem uma só palavra de Francisco.
    Uma hora depois, durante o banho, Francisco perguntou: "Os deficientes têm cura?" Percebi que a mensagem tinha seguido o seu curso e uma hora depois tilintava ainda na sua cabeça. Entendi que aquela pergunta poderia estar sendo feita por várias razões.

Titubeante, respondi-lhe que dependia. Que havia coisas que se podiam curar e outras que não. Queria dar-lhe um exemplo, pegar no concreto, para que Francisco percebesse o que eu queria dizer. Perguntei a ele: "Sabes quem é a Rute, da sala da Mónica?" (referia-me a uma menina com síndrome de Down que frequentava a mesma escola de Francisco). "Claro, papá!" – disse-me ele. Perguntei-lhe, para chegar mais depressa ao meu exemplo: "Achas que a Rute é diferente, tem alguma coisa diferente?" "Não, papá, é parecida com a Clara..." (a menina chinesa da sala do Francisco). Desisti do exemplo. Percebi que essa diferença não tinha entrado ainda na vida de Francisco. O 1º ciclo vai tratar de lhe incutir esse conceito.

Prefiro a indiferença do ensino pré-escolar ao exercício de diferença do 1º ciclo. Logo no primeiro ciclo. Na Escola da Ponte, não há indiferença, mas também não há o discurso nem a prática da diferença, da norma ou do desvio. Na Escola da Ponte, deficiente não é adjetivo, nem substantivo.

Terça-feira, 20 de fevereiro
A angústia.

Ao deitar, Francisco revelou uma enorme angústia perante a morte, ou melhor, por sua consequência – o deixarmos de nos ver e o poder ficar sozinho no mundo. Já na cama, interrogou a mãe acerca da morte – "o que é que acontece depois de morrermos?" – deixando que, com o decorrer das perguntas e das respostas, as lágrimas rolassem por sua face de menino de cinco anos. Com dúvidas e desencontros. Às várias perguntas, a mãe foi dando várias respostas, não comprometendo as suas palavras com uma visão demasiado reencarnante da realidade, nem com uma visão angustiantemente real para um menino de cinco anos. A certa altura, e diante da resposta de que possivelmente nos voltaríamos a encontrar, num outro espaço, num outro momento, Francisco, colocando em ordem a partida para esse lugar, verificou que seria o último a lá chegar e não resistiu à sua lógica, uma lógica de menino de cinco anos, perguntando, choroso: "Mas, quando lá chegar, como é que eu vos vou encontrar?" Não é fácil escrever estas palavras sem sobressaltos. Há angústias e momentos que valem uma vida, e naquele momento o amor do Francisco por nós fê-lo desejar e dizer: "Eu queria tanto que nós morrêssemos os quatro juntos!"

Como trata a escola as angústias das suas crianças?

Quarta-feira, 21 de fevereiro
Hoje há concurso!

Quem é o objeto privilegiado de ensino dos professores? Bons alunos ou maus alunos? Fiquei com a ideia (uma memória) de que há quem defenda que os professores podem escolher quais os alunos que ensinam, ou talvez possam escolher quais os alunos para os quais têm mais vocação para ensinar. Trata-se, claro, de uma escolha por atitude e não tanto por comportamento. Isto é, podem, por entenderem quais são os alunos que podem "lá chegar" e quais os que, mesmo com esforço, "nunca lá chegarão". Lá?!

Como somos atores de vários papéis, bastaria que nos imaginássemos em qualquer contexto nestas condições – a de alguém achar que poderíamos não chegar lá e com isso nos afastar do esforço de o conseguir – para relativizarmos posições e investirmos em alternativas. Ora, quem escolhe os alunos deve admitir que também poderá ser escolhido como professor. Talvez haja também professores que nunca "lá chegarão". Lá?!

Quinta-feira, 22 de fevereiro
Faltou a professora.

Na parte da manhã a sua sala foi "ocupada" por uma senhora professora que distribuiu bofetões e "parvalhões" por quase todos os alunos. Tomás levou um bofetão por falar com o colega que estava a não mais de 20 centímetros na cadeira ao lado e na mesma mesa. Isso perturbou-me. E parece ter perturbado Tomás, de sete anos, pois ele colocou-nos insistentemente duas questões: "Como posso estar dez minutos sem falar?" e "por que é que a esta professora temos de pedir para ir à casa de banho se à nossa não é preciso?"

Há escolas em que as regras são de todos. Outras, em que as regras são de um. Há escolas em que as salas são dos professores; outras, em que as salas também são dos alunos. De tarde, Tomás referiu que as coisas haviam melhorado. Aparentemente, sem que nada o fizesse adivinhar. Mas a adivinha foi descoberta. À tarde, tinham estado na sala duas professoras. A da manhã, ou não foi capaz de mostrar à outra os seus processos de orientação atencional para a tarefa, ou estiveram as duas entretidas a trocar palavras amenas... sobre a escola, o ensino, e os seus métodos... A monodocência impede a polifonia.

Na Escola da Ponte, os professores não faltam. Ou não se sente a sua falta. Quando há muitos professores, mesmo que um esteja de costas há outros que nos podem piscar um olho. Piscar o olho é um dos métodos mais antigos de mostrar cumplicidade. A mesma que se precisa para aprender. E ensinar.

Sexta-feira, 23 de fevereiro
Hoje não quero ir à escola.

Hoje Tomás não quis ir à escola. Ou melhor, hoje ele não quis reencontrar a senhora que ontem conheceu. Tem medo que isso aconteça. Só tenho pena que a senhora tenha que cruzar a vida dele. No fim de semana, talvez se apague a memória que o Tomás não quer que se cole à sua pele.

Sábado, 24 de fevereiro
Trabalhos de casa... trabalhos em casa.

De manhã, faço os deveres de português. À tarde, os de matemática. E quando o português ou a matemática deixar de ser matéria, cadeira ou disciplina e se transformar em pensamento, mesa e autonomia... – o que teremos ganho? Nada?! Mas não é de vitórias que importa falar...

Domingo, 25 de fevereiro
Dias de sorte.

Há alunos com sorte. Há professores sem sorte alguma. Mas, neste caso, como noutros, a sorte não é um acaso.

Segunda-feira, 26 de fevereiro
Dia de férias.

Os programas das disciplinas são o maior entrave ao trabalho dos professores. Mas nem todos os currículos são *vitae*. Há currículos que são *mortis*. Proporcionar experiências autobiográficas significativas poderia ser o único objetivo do professor. A língua portuguesa, a matemática, ou outras matérias, seriam apenas meios – não o começo que, não raras vezes, acaba em desilusão.

Terça-feira, 27 de fevereiro
Hoje é dia de carnaval.

Deveria haver aulas. É uma época do ano em que podemos assumir com maior legitimidade social que podemos ser outros.

Quarta-feira, 28 de fevereiro
O problema é o futuro.

As crianças não têm presente. Têm apenas futuro. Na escola, toda gente se preocupa com os anos que virão a seguir. Os alunos estão sempre sendo preparados para o futuro. E no futuro sempre acaba havendo queixas sobre o que foi o passado. Que estão malpreparados. Que são malcomportados. Que são iletrados. Perante a impossibilidade de os preparar para o futuro, por que não damos uma chance às crianças de viverem apenas e somente o presente?

Tenho deparado várias vezes com a insistente crença de que o problema dos meninos da Escola da Ponte será o confronto com o 2º ciclo. Habituados à pesquisa, ao trabalho cooperativo e ao espaço partilhado, encontrarão depois uma escola que não permitirá o uso continuado e recompensado dessas estratégias e a inadaptação será inevitável. Mesmo que encontrem dificuldades no 2º ciclo, esses meninos carregarão para sempre um conjunto de memórias desses anos, memórias que ninguém apagará. Há memórias que são como pele que nos agarra, protege e molda. São até mais do que isso.

"Um dia eu também quero ir à primavera."

ESCOLA DOS SONHOS EXISTE
HÁ 25 ANOS EM PORTUGAL*

José Pacheco

Ao ser informado da Escola da Ponte, a primeira curiosidade que tive foi sobre sua origem. Quando e o que motivou a busca de uma forma inovadora de ensinar e aprender, que resultou na criação da Escola da Ponte?

Em 1976, a Escola da Ponte era um arquipélago de solidões. Os professores remetiam-se para o isolamento físico e psicológico, em espaços e tempos justapostos. O trabalho escolar era exclusivamente centrado no professor, enformado por manuais iguais para todos, repetição de lições, passividade. Entregues a si próprios, encerrados no refúgio da sua sala, a sós com seus alunos,

---

* Texto revisto da entrevista concedida pelo professor José Pacheco, em nome da Escola da Ponte, ao portal brasileiro Educacional (http://www.educacional.com.br). Entrevista conduzida por Vitor Casimiro.

seu método, seus manuais, sua falsa competência multidisciplinar, em horários diferentes dos de outros professores, como poderiam partilhar, comunicar, desenvolver um projeto comum?

As crianças que chegavam à escola com uma cultura diferente da que ali prevalecia eram desfavorecidas pelo não reconhecimento da sua experiência sociocultural. Algumas das crianças que acolhíamos transferiam para a vida escolar os problemas sociais dos bairros pobres onde viviam. Exigiam de nós uma atitude de grande atenção e investimento no domínio afetivo e emocional. E tomamos consciência de que não passa de um grave equívoco a ideia de que se poderá construir uma sociedade de indivíduos personalizados, participantes e democráticos enquanto a escolaridade for concebida como um mero adestramento cognitivo. Se os pais eram chamados à escola, pedia-se castigo para o filho ou pediam-se contributos para reparações urgentes.

A escola funcionava num velho edifício contíguo a uma lixeira. Nas paredes, cresciam ervas. As poucas carteiras com buraco para o tinteiro ameaçavam desfazer-se e os alunos improvisavam mesas. O quarto de banho, no exterior, estava em ruínas e não tinha porta. Satisfazer as necessidades biológicas mais elementares constituía um teste de entreajuda: as alunas iam lá fora em grupos, fazia-se a parede e a porta num círculo humano em torno da necessitada e voltava-se para dentro... As crianças passavam as férias no abandono da rua, sonhando com uma praia inacessível...

Compreendemos que precisávamos mais de interrogações que de certezas. E empreendemos um caminho feito de alguns pequenos êxitos e de muitos erros, dos quais colhemos (e continuaremos colhendo) ensinamentos, após termos definido a matriz axiológica de um projeto e objetivos que, ainda hoje, nos orientam: concretizar uma efetiva diversificação das aprendizagens, tendo por referência uma política de direitos humanos que garantisse as mesmas oportunidades educacionais e de realização pessoal para todos, promover a autonomia e a solidariedade, operar transformações nas estruturas de comunicação e intensificar a colaboração entre instituições e agentes educativos locais.

Na Escola da Ponte não há aulas em que um professor ensine conteúdos estanques. Também não há salas de aula ou classes separadas por anos ou idades. O que foi mantido da estrutura tradicional de uma escola?

A resposta objetiva a essa pergunta é simples: hoje, somente restam vestígios da "estrutura tradicional", que transformamos em cavoucos sobre os quais assentamos os andaimes de uma escola que já não é herdeira ou tributária de necessidades do século XIX. Na Escola da Ponte, como em outros lugares, é indispensável alterar a organização e, interrogar práticas educativas dominantes. É urgente interferir humanamente no íntimo das comunidades humanas, questionar convicções e, fraternalmente, incomodar os acomodados. Apesar dos progressos verificados no nível da teoria (e até mesmo contra eles), subsiste uma realidade que as exceções não conseguem escamotear: no domínio das práticas, o nosso século corre o risco de se completar sem ter conseguido concretizar sequer as propostas do fim do século que o precedeu.

Viveremos o fim do "século da criança" ou apenas o princípio da Escola? Desde há séculos, somos destinatários de mensagens que raramente nos dispomos a decifrar. O que acontece é um regresso cíclico às mesmas grandes interrogações. Todos os movimentos reformadores se assemelham na rejeição do passado. Mas a especulação teórica sem caução da prática engendra apenas reformulações de uma utopia sempre por concretizar.

Crianças de que faixa etária convivem e aprendem juntas no mesmo espaço? Além disso, a Escola da Ponte trabalha com uma pedagogia de incluir crianças portadoras de deficiências no mesmo ambiente?

Após uma primeira fase – chamada "de iniciação" –, as crianças convivem e aprendem nos mesmos espaços, sem consideração pela faixa etária, mas apenas pela vontade de estar no mesmo grupo. O critério de formação dos grupos é o afetivo e o afeto não tem idade... Já o mestre Agostinho da Silva dizia que "os grupos devem constituir-se à vontade dos alunos, para que haja coesão e entusiasmo pelo trabalho, alegria criadora de quem se sente a construir um universo".

A educação das crianças ditas com necessidades educativas especiais constituía mais um problema dentro do problema. A colocação de crianças com necessidades específicas junto dos ditos normais não era medida suficiente para se fazer o que recentemente se designa por inclusão. A inclusão não se processaria em abstrato, mas passaria por uma gestão diferente de um mesmo currículo, para que os alunos não interiorizassem incapacidades, para que não se vissem cada vez mais negativamente como alunos e depois como pessoas. Frequentemente, sob o rótulo e o estigma da diferença, priva-se a "criança diferente" (ainda que inconscientemente) de experiências que lhe permitiriam ganhar consciência de si como ser social-com-os-outros. Hoje, em cada grupo há sempre um aluno "especial". Se os professores, por qualquer motivo, em determinado momento, não podem acompanhar diretamente o trabalho de uma dessas crianças, logo um colega atento se disponibiliza para a ajudar.

O Marco era um menino rotulado de filho de pai incógnito. Sofria por não ter um pai como os outros meninos. O André era um menino rotulado de mongoloide. Sofria de "necessidades educativas especiais", que o isolavam dos outros meninos. Até que, um dia, mudou de escola, foi acolhido num grupo e deixou de ter rótulo. O Marco e os seus amigos já tinham descoberto o valor do trabalho cooperativo. Quando a Ana "foi para outra escola" deixou a Sandrina entregue aos cuidados da Maria do Céu. E o Marco envolvia o André num novelo de atenção que operava milagres no aprender com os outros.

As crianças estavam absorvidas no cotidiano labor de aprender e de aprender a ser. O professor ia passando entre os grupos, disponível para o que fosse preciso. Deteve-se junto àquele, pois havia detectado a presença de estranhos instrumentos mediadores de aprendizagem. Não conteve a curiosidade. Pediu desculpa ao Marco pela interrupção e perguntou que papéis eram aqueles. "Sabe, professor, ontem estive a ajudar o André a perceber o que era um nome. E ele parece que ficou na mesma..." – respondeu o Marco. "E então?" – insistiu o professor. "Fui para casa a cismar, a cismar... E pensei em fazer umas fichas e fiz as fichas. Trouxe-as hoje e olhe que o André, agora, parece que já percebeu tudo. Não acha?" O professor não conseguiu articular a resposta. Passou a mão na cabeça do Marco. Voltou as costas ao grupo, porque a verdade é que os homens também choram. Citando, de novo, Agostinho da Silva: "Todos vamos ter que ser professores de todos e cada um dos que sabem um pouco mais ensinará os que sabem um pouco menos".

No padrão criado pela Escola da Ponte, os alunos decidem o que estudar, montam grupos de interesse e trabalham orientados por professores. Que tipo de reação a Escola da Ponte provocou nos pais e no sistema nacional de ensino português?

Efetivamente, são os alunos que decidem. E os professores estão lá, atentos e disponíveis. Quando compreendemos que cada criança é um ser único e irrepetível, que seria errado imaginar a coincidência de níveis de desenvolvimento, concluímos que não seria inevitável pautar o ritmo dos alunos pelo ritmo de um manual ou pela homogeneização operada pelos planos de aula destinados a um hipotético aluno médio. E avançamos com uma outra organização da escola, uma outra relação entre os vários grupos que constituem a equipe educativa (pais, professores, alunos, pessoal auxiliar), um outro modo de refletir as práticas. Passou-se de objetivos de instrução a objetivos mais amplos de educação.

Esse projeto sugere um modelo de escola que já não é a mera soma de atividades, de tempos letivos, de professores e alunos justapostos. É uma formação social em que convergem processos de mudança desejada e refletida, um lugar onde conscientemente se transgride, para libertar a escola de atavismos, para a repensar. Não é um projeto de um professor, mas de uma escola, pois só poderemos falar de projeto quando todos os envolvidos forem efetivamente participantes, quando todos se conhecerem entre si e se reconhecerem em objetivos comuns. Não há escolas-modelo, mas há referências que poderão ser colhidas nesse projeto como em tantos outros anonimamente construídos, cujo intercâmbio urge viabilizar. Nos últimos cinco ou seis anos, outras escolas se acercaram de nós: umas movidas pela curiosidade; outras, por outras boas razões. Poderemos já falar de uma "rede de escolas", que também já chega ao Brasil. Darei um exemplo de contaminação (não me agrada a palavra disseminação por sugerir "clonagem" de projetos).

Numa escola nossa amiga, as professoras prescindiram do refúgio da sua sala de aula. Mas continuava a haver dois lados. A escolinha era do "plano dos centenários", tinha duas salas e cada sala a sua entrada. Grandes males, grandes remédios! Num belo dia, vá de deitar abaixo a parede que as dividia. Limpada a caliça, os meninos espreitaram para o outro lado. Lá estavam meninas e meninos iguais aos do lado de cá... O buraco estava aberto e nem pensar em tapá-lo. No buraco se fez um belo pórtico comum a dois universos que passaram a ser um só. Onde antes estava uma parede que dividia achava-se agora uma passagem que juntava.

Talvez as "pontes" que vão sendo criadas em Portugal venham a atravessar o Atlântico, para desassossegar os espíritos e participar da abertura de outros "buracos"... Seria um modo possível de retribuir a dedicação de um "mineiro da Boa Esperança, teólogo sem dogmas, psicanalista e poeta, pedagogo ocupado a diagnosticar a doença da pedagogia, contador de estórias, catador de estórias dos meninos aos quais gosta de seduzir para a brincadeira, dentro e fora da escola". Foi assim que o Fernando Alves descreveu o nosso grande amigo Rubem Alves. "Na tarde mágica que ele passou na Escola da Ponte, os pássaros voaram de um certo poema de Ruy Belo e foram pousar nos ombros dos que estavam sentados em redor do contador de estórias, do homem grande que gosta de brincar. Então, ele contou que está escrevendo a estória de Pinóquio ao contrário: não a estória do Pinóquio que é um boneco de madeira ao qual a escola transforma num menino de carne e osso com alma de gente, mas a estória do menino de carne e osso e alma de gente ao qual a escola transforma num adulto de madeira, rígido e triste como Pinóquio."

Claramente, a Escola da Ponte parece-me baseada na pesquisa. A Escola da Ponte suprimiu completamente a instrução?

Olivier Reboul afirmava que "ensinar não é inculcar, nem transmitir, é fazer aprender". Tudo é composto de mudança e também a Escola toma sempre novas qualidades. A componente instrução está sempre disponível e presente. Mas só acontece quando o aluno quer. No nosso projeto, é o sujeito que se constrói na atribuição de significado ao conhecimento coletivamente produzido. Os professores acrescentaram às tradicionais dificuldades de aprendizagem dos alunos o reconhecimento das suas próprias dificuldades de ensino. E procuram concretizar um ensino diferenciado em que um mesmo currículo para todos os alunos é desenvolvido de modo diferente por cada um. Não há um professor para cada turma, nem uma distribuição de alunos por anos de escolaridade. Essa subdivisão foi substituída, com vantagens, pelo trabalho em grupo heterogêneo de alunos. Dentro de cada grupo, a gestão dos tempos e espaços permite momentos de trabalho em pequeno grupo, de participação no coletivo, de "ensino mútuo", momentos de trabalho individual, que passam sempre por atividades de pesquisa. A educação e a instrução acontecem...

Em complemento à pergunta anterior, eu lhe perguntaria como se dá a transmissão de informações para que as crianças tenham elementos para fazer suas pesquisas e reelaborar seu conhecimento. O professor é sempre um orientador ou, em certas ocasiões, também assume o papel de instrutor?

As dúvidas a que os momentos de pesquisa não logram dar resposta são resolvidas no encontro com um professor (a "aula direta", como os miúdos a designam), num encontro de pequeno grupo, quando os alunos o solicitam. Remetemos para plano secundário a função transmissora. Os professores só poderão dar respostas se os alunos lhes dirigirem perguntas. Só participa do encontro quem o deseja e o explicita. A função de instruir é subsidiária, caracteriza a proto-história de uma escola aprendente.

Herbert Read disse que "a educação, no sentido mais amplo, como crescimento guiado, pode assegurar que a vida seja vivida em toda a sua natural espontaneidade criadora e em toda a plenitude sensorial, emocional e intelectual". Sem deixar de "dar o programa", nós vamos além do aprender a ler, escrever e contar, porque educar é mais do que preparar alunos para fazer exames, é ajudar as crianças a entenderem o mundo e a realizarem-se como pessoas, muito para além do tempo de escolarização.

E no caso da alfabetização? Em seu artigo, o sr. Rubem Alves conta que uma menina lhe explicou que, na Escola da Ponte, "aprende-se a ler lendo frases inteiras". Como a Escola da Ponte vê a alfabetização e como as crianças adquirem seus primeiros conhecimentos em língua escrita?

Também nesse capítulo, nós nada inventamos. Apenas retomamos contributos de pedagogos como Freinet. As crianças aprendem a ler naturalmente, como aprendem a falar e a escrever, e cada qual no seu próprio momento. Algumas, ao cabo de dois ou três meses, adquirem autonomia na leitura e na escrita. Vão através de histórias, de frases, da vida, em busca do "pássaro encantado [do Rubem Alves] que ama a liberdade e voa para longe, guardando nas penas as cores dos lugares por onde passa e regressando, com as saudades que são o vento do amor, ao lugar onde uma menina o aguarda, sabendo que a menina não vai fechar a gaiola".

Novamente sobre pesquisas... Qual é a maior fonte de informação pesquisada pelos alunos? As pesquisas se dão prioritariamente na Internet ou em bibliotecas?

Em ambas. Os alunos gerem, quase em total autonomia, os tempos e os espaços educativos. Escolhem o que querem estudar e com quem. Como não há manuais iguais para todos, a biblioteca e as novas tecnologias de informação e comunicação são *locus* de encontro, de procura e de troca de informação. Recorre-se, por vezes, às bibliotecas da autarquia, de familiares, de vizinhos, ou de associações locais. E, como é evidente, os professores são também uma fonte permanente de informação, segurança, interrogações, afetos...

Mais importante que os lugares e as fontes será compreender as dimensões do desenvolvimento do sentido crítico (também relativamente a recolha e seleção de informação) e do fomento da partilha da informação, no sentido da comunicação e do desenvolvimento de uma cultura de cooperação.

Um dos pontos que a Escola da Ponte valoriza é a autonomia de seus alunos. Que atitude professores e a escola tomam em caso de desinteresse dos alunos, de não cumprimento das tarefas ou dos prazos?

Se acontece desinteresse por parte de um aluno, a escola está doente, está doente o aluno, ou estão ambos enfermos. Bastará determinar a etiologia, buscar remédio e verificar os efeitos do tratamento...

A Geninha andava de mal com as amigas e com a vida. E a professora Rosa andava preocupada com aquela tristeza de muitos dias. Naquela manhã, na verificação dos trabalhos, deixou no caderno da Geninha um ponto de interrogação. Quando voltasse a passar pelo grupo, o sinal de pontuação interromper-lhe-ia a lufa-lufa e recordar-lhe-ia a necessidade de conversar com a Geninha e de tirar aquela tristeza a limpo. Decorridos breves minutos, lá voltou. No lugar da interrogação que deixara, havia agora duas interrogações simetricamente geminadas. Um coração de linha curva à tinta azul à direita e outra linha feita de lápis à esquerda. E um ponto – que agora deveria ser final – foi um ponto de partida de palavras mansas e algumas lágrimas. A Geninha só precisava desabafar.

Algo que parece ser muito incentivado é a formação de uma cadeia de solidariedade entre os alunos. Há dois espaços – "Tenho necessidade de ajuda em" e "Posso ajudar em" – em que as crianças escrevem pequenos anúncios à procura de ajuda para dificuldades em suas pesquisas. Como esse espaço funciona?

Nos idos de 70, ainda no tatear de um projeto, os miúdos chamavam ao trabalho de pesquisa que já iam fazendo "aprender em liberdade e com categoria". E bem sabiam o que isso significava. Nesse tempo, os professores também já trabalhavam em liberdade e com (alguma) categoria. Como? É fácil de explicar...

Atente-se num excerto de entrevista a uma professora recentemente integrada na equipe: "É o trabalho de equipe que nos faz superar o desgaste, que nos ajuda a ultrapassar os obstáculos. Facilitador é o fato de não estarmos sozinhos numa sala, termos uma perspectiva de toda a escola e não só daquele grupo que nós controlamos. Num projeto como este, a pessoa não tem aquela frieza, aquela solidão, a pessoa faz tudo com mais gosto, é mais ela e dá muito mais de si, claro. Sinto-me em família, completamente".

Tal como a professora, os alunos também se sentem "em família". E, em família, é suposto o amor e a interajuda.

Outro espaço muito interessante são os computadores "acho bom" e "acho mau" em que os alunos expressam suas opiniões sobre a escola. Esses instrumentos foram pensados para exercer que papel na vida cotidiana da escola?

Entre outros, o do desenvolvimento do senso crítico, mas não só... As reuniões semanais da Assembleia e os debates do fim de cada dia de escola também se alimentam das "queixas e sugestões".

As crianças escreveram um documento com seus direitos e deveres. Que aspectos desses documentos o senhor destacaria?

Talvez relevasse o fato de não constarem muitas proibições e de o documento que os próprios alunos propõem e aprovam ser a Magna Carta que lhes permite libertarem-se da tutela dos professores e serem dignos do exercício cotidiano da liberdade na responsabilidade. As nossas crianças não são educadas apenas para a autonomia, mas através dela, nas margens de uma liberdade matizada pela exigência da responsabilidade. Buscamos uma escola de cidadãos, indispensável ao entendimento e à prática da democracia. Procuramos, no mais ínfimo pormenor da relação educativa, formar o cidadão democrático e participativo, o cidadão sensível e solidário, o cidadão fraterno e tolerante.

Os alunos reúnem-se semanalmente em assembleia. O que pode ser tratado nessas ocasiões? Além do que pretendem estudar, o que crianças podem decidir sobre a organização interna da escola?

Para exercer a solidariedade é necessário compreendê-la, vivê-la em todo e qualquer momento. Na Ponte, cada criança age como participante solidário de um projeto de preparação para a cidadania no exercício da cidadania. Foi por isso que se constituiu, há cerca de 20 anos, a Assembleia. É por aí que passa a participação das crianças na organização interna da sua escola. Os miúdos sabem que "a Assembleia é uma coisa importante", que "os alunos e os professores reúnem-se e discutem juntos os problemas da escola", que "aprendemos a respeitar regras e a respeitar-nos uns aos outros e a decidir o que é melhor para todos". Quando uma professora, em plena assembleia, perguntou à Catarina (sete anos de idade) "Quando acontece cidadania?", a pequena respondeu prontamente: "Acontece sempre". E, quando a professora insistiu, pedindo que a aluna explicitasse a resposta, esta acrescentou: "É quando eu levanto o braço para pedir a palavra ou pedir ajuda, quando me levanto e arrumo a cadeira sem fazer barulho, quando ajudo os meus colegas no grupo, quando apanho lixo do chão e o deito no caixote do lixo, quando ouço o meu colega com atenção, quando estou na Assembleia..."

Em meados de outubro de 2000, ficou concluído mais um processo de eleição e instalação da Mesa da Assembleia de Escola.

A educação na cidadania – cerne cotidiano do nosso projeto – reassumiu a sua completa expressão: os miúdos já podem dirigir propostas aos seus representantes eleitos, reunir em debate (todos os dias) e em assembleia (à sexta-feira).

O "livro da quinzena" (sempre coerente com os projetos que estão sendo desenvolvidos por toda a escola em determinada quinzena) constitui-se em referência para a produção escrita. O eventual leitor poderá ser induzido a pensar que, pelo conteúdo e estilo, o texto a seguir transcrito terá o "dedinho do professor"... Efetivamente, não tem. Acrescentaremos que foi um dos vários textos que, hoje, enquanto redigia este artigo, encontrei na caixinha dos "textos inventados" – caixa dos textos que os alunos redigem quando e como desejam –, escrito pela Cláudia, que tem oito anos de idade. Vejamos alguns excertos:

> Caminhos da liberdade. Como a nossa escola tenta ser um exemplo de cidadania, temos um livro da quinzena que nos fala, exatamente, desse tema. É um livro chamado *A cidadania explicada aos jovens e aos outros*, escrito pelo poeta José Jorge Letria. Diz-nos que, todos os dias, fazemos coisas que têm a ver com cidadania. Que uma pessoa só é bom cidadão quando tem capacidade para se orientar pelos direitos e deveres que estão nos documentos como a Constituição da República (...). A solidariedade é uma maneira de ser bom cidadão. Nós temos solidariedade quando ajudamos a dar melhores condições às vítimas das guerras, quando ajudamos alguém a atravessar a rua (...). Com o que estamos a aprender com esse livro, resta-me concluir que a cidadania é uma forma de participar na vida coletiva e de saber ter consciência para melhorar a vida dos outros.

Ou, como escreveu a Francisca (de oito anos) num outro "texto inventado", "ser cidadão é, acima de tudo, respeitar os outros".

É verdade que as crianças organizam tribunais para julgar os casos de indisciplina?

Em 1998, o tribunal foi substituído por uma "Comissão de Ajuda" (por decisão da Assembleia!) com composição e funções muito diferentes. O velho e ineficaz "castigo" foi substituído pelo "ficar a refletir" e pela ajuda de "fadas orianas" (quem já leu o livrinho da Sophya do Mello Breyner saberá ao que as crianças se referem).

Como o objetivo dos objetivos é fazer das crianças pessoas felizes, foi instituída uma "caixinha dos segredos". É aí que a pesquisa das almas inquietas (indisciplinadas?) começa. Na caixa de papelão, os alunos deixam recados, cartas, pedidos de ajuda. A "caixinha dos segredos" ensina os professores a reaprender. É que nem sempre o que parece ser "indisciplina" o é. Os "recados-segredos" provam-no.

> Todas as manhãs, o Arnaldo já chega cansado de duas horas de trabalho. Antes de rumar à escola, o Rui foi ao lavrador buscar o leite, levou os irmãos mais pequenos ao infantário, fez os recados da Dona Alice, arrumou a casa toda. O Carlos falta quase todas as tardes. O pai manda-o distribuir por toda a vila as folhas que dão notícia dos falecimentos da véspera, ou tem que carregar as alfaias dos funerais.

O tempo amareleceu as folhas dos "recados" onde as crianças deixaram ficar pedaços de vida.

Aos nove anos, o Fernando disse o que queria ser quando fosse grande, escreveu os projetos do seu futuro para sempre destruídos num estúpido acidente na moto que ele comprara com os primeiros salários de tecelão. Outros não chegaram a adultos por se deixarem envolver nas teias que a droga tece. Houve também quem abandonasse a escola e optasse pelas lições que a escola da vida oferece. Haverá ainda alguém que ouse falar de "indisciplina" nas escolas? Confesso a minha completa ignorância; de indisciplina nada sei. Sei apenas de crianças que dão lições de autodisciplina na sua escola. Sei de crianças que não entendem a indisciplina do gritar mais alto que o próximo, nas assembleias de adultos, porque na sua assembleia semanal erguem o braço quando pretendem intervir. Sei de crianças de seis, sete anos, que sabem falar e calar, propor e acatar decisões. São crianças capazes de expor, com serenidade, conflitos e de, serenamente, encontrar soluções. São cidadãos de tenra idade que, no exercício de uma liberdade responsavelmente assumida, instituíram regras que fazem cumprir no seu cotidiano. Poderão continuar a chamar-lhes alunos "utópicos", que nem por isso eles deixarão de existir.

A "indisciplina" é a filha dileta do autoritarismo e da permissividade. A disciplina a que me refiro é a liberdade que, conscientemente exercida, conduz à ordem; não é a ordem imposta que nega a liberdade. Como poderemos pensar em controlar as águas revoltas de um rio, se nos esquecemos das margens que as comprimem?

Finalmente, sou levado a perguntar sobre a participação dos pais. Como são o relacionamento e o intercâmbio entre pais e escola? Que tipo de contribuição eles dão à escola?

A concepção e o desenvolvimento de um projeto educativo de escola são um ato conetivo e só têm sentido no quadro de um projeto local de desenvolvimento. Um projeto consubstanciado numa lógica comunitária pressupõe ainda uma profunda transformação cultural. O sucesso dos alunos depende da solidariedade exercida no seio de equipes educativas, que facilita a compreensão e a resolução de problemas comuns.

Em 1976, os pais não apareciam na escola, mas acreditávamos que seria possível estabelecer comunicação com as famílias dos alunos, se os pais não fossem chamados apenas para escutar queixas ou contribuir para reparações urgentes. Questionávamo-nos por que razão eles iam à igreja, ao estádio, ao café... e não vinham à escola. Quando encontramos a resposta, ajudamos os pais dos alunos a fundar uma associação num tempo em que ainda não havia leis para as regular. A associação de pais é hoje um interlocutor sempre disponível, um parceiro indispensável.

Mas a colaboração dos pais não se restringe às atividades promovidas pela sua associação. No início de cada ano, todos os encarregados de educação participam num encontro de apresentação do Plano Anual. Mensalmente, ao sábado de tarde, os projetos são avaliados com o seu contributo. E há sempre um professor disponível para o atendimento diário, se algum pai o solicita. A prática diz-nos, ainda hoje, que os pais têm dificuldade em conceber uma escola diferente daquela que frequentaram quando alunos mas que, quando esclarecidos e conscientes, aderem e colaboram.

TRABALHO COOPERATIVO E MUDANÇA DE ATITUDES PROFISSIONAIS NA ESCOLA DO 1º CICLO DO ENSINO BÁSICO*

Centro de Formação Camilo Castelo Branco

Razões justificativas de um estágio centrado na Escola da Ponte

1. A educação é sempre uma "aventura" coletiva de partilha: de afetos e sensibilidades, de conhecimentos e saberes, de expectativas e experiências, de atitudes e valores, de sentidos de vida... Pensar a educação numa lógica burocrática e corporativa de mera adição, confrontação ou justaposição de "papéis educacionais"

---

* Excerto do programa do estágio, centrado na Escola da Ponte, promovido pelo Centro de Formação Camilo Castelo Branco (Vila Nova de Famalicão) e dirigido a professores do ensino básico. Trata-se de uma ação de formação contínua, (a)creditada pelo Conselho Científico-Pedagógico da Formação Contínua.

(em que cada "parceiro" ou "agente" se manteria acantonado na sua ilha de "autonomia", só saindo dela em momentos ritualizados para cumprir uma função estatutária ou organizacional) é pensar a educação numa perspectiva profundamente redutora, social e culturalmente perversa. Reforçar os mecanismos de interação solidária e os procedimentos cooperativos (ademais, numa era em que a emulação individualista e o "salve-se quem puder" da competição mais desumanizada parecem sinalizar o sentido único do pós-modernismo civilizacional) é, pois, um imperativo de qualquer política educativa que pretenda assumir a educação como uma responsabilidade social.

2. Os hábitos, profundamente arraigados, de trabalho solitário, individual(ista) e não cooperativo dos professores são um dos principais fatores de empobrecimento dos ambientes de ensino/aprendizagem e das práticas educativas. Se o fenômeno atravessa transversalmente todo o sistema de ensino e tem, porventura, nas universidades a sua expressão mais absurda, é todavia no 1º ciclo do ensino básico, ainda predominantemente organizado na lógica da monodocência, que o seu impacto negativo mais se faz sentir. O modelo do professor fechado a sete chaves na sua sala (cela) de aula, "orgulhosamente só" no desempenho, mais ou menos ritualizado e raramente refletido, das tarefas curriculares que lhe cabem (ou ele julga caberem-lhe), é ainda hoje o "modelo" prevalecente entre os professores e nas escolas do 1º ciclo. Os efeitos são devastadores. A escola do 1º ciclo, como organização educativa, praticamente não existe – e existem apenas "lugares" de ensino, cada um com o seu professor "titular" e as suas crianças. A escola é um arquipélago, onde cada ilha (cada sala) tem a sua identidade (quando chega a

tê-la) e a sua lógica muito própria (ou imprópria) de organização e funcionamento. A responsabilidade educacional do professor circunscreve-se ao que se passa no interior da sua sala de aula e, mesmo assim, é uma responsabilidade pouco mais do que ficcional, dadas a irrelevância e a ineficácia dos mecanismos de avaliação não burocrática da atividade docente. Acantonado nos pequenos espaços que domina, e acumulando sucessivos *deficits* de autoestima, segurança e motivação profissionais, cada vez mais incapaz de partilhar e de interagir dialeticamente com os colegas e os demais parceiros, o professor do 1º ciclo tende frequentemente a entrar num processo de verdadeira infantilização cultural, científica, didática e pedagógica, que rapidamente o desqualifica para o exercício da função educacional. Essa tendência para o progressivo empobrecimento dos níveis de consciência e dos padrões de desempenho profissional dos professores do 1º ciclo representa um dos principais problemas do sistema educativo, à escala nacional, regional e local.

Uma política de formação contínua que não pretenda ser complacente com as inércias, os bloqueamentos e as fragilidades do sistema tem de eleger como um dos seus principais objetivos estratégicos o reforço da autoestima e a elevação dos níveis de consciência e dos padrões de desempenho profissional dos professores do 1º ciclo.

3. Autonomia, trabalho cooperativo, projeto educativo inovador e amplamente partilhado pela comunidade, equipe estável de professores fortemente motivados, liderança clara e persistente, competência e lucidez profissionais em doses elevadas transformaram, nas duas últimas décadas, a Escola do 1º

Ciclo do Ensino Básico da Ponte (Vila das Aves) numa das mais extraordinárias referências de qualidade do sistema educativo, em Portugal. Durante alguns anos olhada com desconfiança pelas tutelas (e objeto de várias tentativas de asfixia), a experiência de autonomia da Escola da Ponte é hoje, genericamente, apontada como um exemplo e um paradigma de excelência.

> Uma escola sem classes, sem turmas, sem níveis estanques e com programas à medida de cada aluno parece uma utopia. Em Vila das Aves, na Escola da Ponte, há quem acredite que o sonho comanda a vida e o resultado é uma escola aberta, onde se trabalha em equipe e os pais fazem parte de um projeto. (Cf. "Escola da Ponte: Um ensino sem paredes", *Território Educativo*, revista trimestral da Direção Regional de Educação do Norte, nº 2, dezembro de 1997)

Na Ponte, foi questionado o mito da monodocência, quando este se opôs a que todos os professores e alunos em qualquer momento se encontrassem, se conhecessem e mutuamente se ajudassem. Desde há muitos anos, todos os professores são professores de todos os alunos e todos os alunos são alunos de todos os professores.

Um dos maiores óbices ao desenvolvimento de projetos educativos tem consistido na prática de uma monodocência redutora que remete os professores para o isolamento de espaços e tempos justapostos, entregues a si próprios e à crença numa especialização generalista. O isolamento físico e psicológico do professor do ensino primário foi sempre fator de insegurança e individualismo (...).

Na Ponte, todos os professores podem interagir com todos os alunos, em qualquer momento. Aceitam o questionamento das suas práticas porque se apoiam mutuamente. E não se trata apenas da consideração de uma intensa relação interindividual, trata-se da recriação de uma memória coletiva que se estrutura, reformula e afirma. A descoberta de valores comuns permite percorrer um itinerário comum, que reforça vínculos afetivos e é gerador de um intenso sentimento de pertença. A formação pessoal e social também passa por aqui. (José Pacheco, "Uma escola de 'área-aberta'", *in*: Rui Trindade, *As escolas do ensino básico como espaços de formação pessoal e social: Questões e perspectivas*. Porto: Porto Editora, 1998)

4. Assumindo uma perspectiva eminentemente ecológica de formação contínua, o Centro de Formação Camilo Castelo Branco pretende com o presente projeto de formação, concebido na modalidade de estágio, contribuir para a difusão e a amplificação das experiências extremamente inovadoras de trabalho cooperativo desenvolvidas na Escola da Ponte.

Não se trata, pois, apenas, de proporcionar a alguns professores do ensino básico uma experiência formativa original e profundamente estimulante, que lhes permita compreender como, na prática (e não na teoria), no nível do 1º ciclo do ensino básico, é possível organizar e pôr para funcionar uma escola, um ensino e um projeto educativo de qualidade. Pretende-se também difundir (muito especialmente entre as escolas do 1º ciclo do concelho de V.N. Famalicão) o conhecimento compreensivo das experiências desenvolvidas na Escola da Ponte, erigindo-as como exemplo de autonomia e de inovação, numa altura em que, por força da aplicação do novo regime de direção e gestão das escolas, as inércias e os bloqueamentos que resultam da prática da monodocência e do tradicional isolamento das escolas do 1º ciclo vão ser postos, radicalmente, em causa.

Especificações técnicas

Fonte: Gatineau 11 p
Entrelinha: 16 p
Papel (miolo): Off-white 80 g
Papel (capa): Cartão 250 g